国家出版基金项目
NATIONAL PUBLICATION FOUNDATION

中华民族文化大系

【水族】

大山凤凰

主编 罗春寒

总顾问单位 国家民族事务委员会

上海锦绣文章出版社 上海文化出版社

《大山凤凰——水族》

主　编

罗春寒（水族）　贵州省黔东南民族职业技术学院教授

撰稿专家（按章节顺序排列）

罗春寒（水族）　贵州省黔东南民族职业技术学院教授

石国义（水族）　贵州省三都水族自治县民族研究所研究员

韦宗林（水族）　贵州民族大学教授

韦学纯（水族）　中国社会科学院副研究员

周崇启（布依族）　贵州省黔南布依族苗族自治州教育学科研究所教研员

韩荣培（水族）　贵州省民族研究院副研究员

蒙锡彭（水族）　贵州省三都水族自治县音乐家协会主席

杨昌盛（水族）　贵州省黔南布依族苗族自治州高级讲师

都柳江上打渔人

张　翠	张锦鹏
陈　倩	陈　徵
陈丹正	陈勤建
罗春寒（水族）	和少英（纳西族）
金黎燕（景颇族）	周亚成
周志军	周国茂（布依族）
周艳梅	郑继强（仡佬族）
房剑森	孟旭彦
赵卫星	赵昌平
郝苏民（回族）	胡文明（普米族）
段　超（土家族）	俞惠煜
姜复生	姜逸青
袁晓文（藏族）	都永浩（朝鲜族）
贾合甫·米尔扎汗（哈萨克族）	夏　蒙
夏一鸣	热依拉·达吾提（维吾尔族）
铁穆尔（裕固族）	徐　炯
徐艺乙	高志英（纳西族）
高韵斐	郭　锐（佤族）
郭志超（回族）	郭建斌
黄永松	曹先强（阿昌族）
鄂崇荣（土族）	康南山（傣族）
彭卫国（土家族）	葛剑雄
蒋澄澜	傅爱明
街顺宝（彝族）	童翔蔚
蓝炯熹（畲族）	赖永良（德昂族）
蔡武成（傈僳族）	阚宁辉
樊人龙	滕春华（俄罗斯族）
颜莹舫	毅　松（达斡尔族）

大山深处的水族村（图/三都县委宣传部）

弘扬优秀民族文化
打造传世文化精品

中国自古就是一个统一的、多民族的国家，各民族之间交往频繁，相互依存，相互融通，血肉相连。上下五千年的中国史，就是各民族交往交流交融的历史，各民族的交往交流交融也是中华民族自我完善发展的强大推力。我国各民族都是中华民族大家庭中的成员，各民族团结进步是中华民族的生命所在、力量所在、希望所在。只有加强各民族交往交流交融，在共同生产生活和工作学习中加深了解、增进感情，才能促进各民族和睦相处，像石榴籽那样紧紧抱在一起，在中华民族大家庭中守望相助、和谐共生。

文化是民族的精神血脉，积淀着民族深沉的精神追求，代表着民族独特的精神标识，文化自信是国家发展更基本、更深层、更持久的力量。中华文化是一个有机的整体，优秀的民族文化是中华民族深厚的历史文化和丰富的人文风情的重要组成部分。中国56个民族的文化尽管个性纷呈，但是它们都深深根植于整个中华民族文化的丰厚土壤里，既特色多元又融为一体，“各美其美，美美与共”，共同创造了源远流长、灿烂辉煌的中华文化，对延续和发展中华文明、促进人类文明进步，发挥着非常重要的作用。

各民族优秀的文化事项和文化元素，不仅是各民族的文明精华，更是今天整个中国文化大发展的源头和根基。我们要坚持辩证唯物主义和历史唯物主义，不断赋予新的时代内涵和现代表达形式，不断补充、拓展、完善，使中华民族最基本的文化基因与当代文化相适应、与现代社会相协调、与时代需求相结合。优秀的民族文化元素一旦与现代理念和技术相结合，必将焕发出勃勃生机，有利于中华文化在今天的世界多元文化中彰显出自己的特色与个性，有利于促进新一轮的中华文化大发展。

习近平总书记在中央民族工作会议上指示："让各族人民增强对伟大祖国的认同、对中华民族的认同、对中华文化的认同、对中国特色社会主义道路的认同。我们越是接近民族复兴的目标，就越需要汇聚全民族的磅礴之力。"民族问题是事关国家长治久安的核心和要害问题，民族团结是实现中华民族伟大复兴中国梦的基石和"助推器"，向广大民众展示、解读、传播、弘扬各民族优秀文化，促进各民族相互了解、相互尊重、相互包容、相互欣赏、相互学习、相互帮助，具有十分重要的意义，是非常必要、非常迫切的任务。只有加强民族之间的相互了解，才能消除偏见和误会，让民族团结之花常开长盛，共建美好的中华民族大家园。

上海故事会文化传媒有限公司、上海市国际文化传播协会、上海文坊文化传播有限公司多年来一直致力于中华民族优秀传统文化的弘扬及其创造性转化和创新性发展，取得了诸多成果。由三家单位策划的这套"中华民族文化大系"大型丛书汇集众多民族文化研究成果，集聚一流的民族文化专家学者，解读各民族悠久灿烂的文化，展示中华民族共同的精神家园，极大丰富了国民的文化认知。为配合做好新形势下的民族工作，出版这类既有主体观、本土观，也有他者观、国家观，既立足于学术，又为群众喜闻乐见的普及型著作，可谓恰当其时。这套丛书虽然是一部以传统纸质印制的图书，但又不拘泥于纸张，利用现代理念和技术进行文化整合创新，使传统图书与各种新兴媒体表现手段有机结合，在可读性、大众化方面进行了独具中国特色和当下风格的内容表达与视觉呈现的探索，以期让读者获得更完整、更全面的阅读体验。

我国众多民族与周边各国的民族和人民之间有着千丝万缕的联系，而民族文化具有独特的魅力以及广泛的文化传播力，尤其是与"一带一路"国家战略高度契合。希望这套丛书可以推动中华优秀文化的国际传播，推动中外文化的交流互鉴，成为中国民族文化"走出去"的力作。同时，这套丛书也将以令人信服的内容成为世界准确客观了解中国的窗口，并回答国际社会对我国民族问题的关切和期待。

2016年12月29日，习近平总书记致信祝贺《大辞海》出版暨《辞海》第一版面世80周年，对出版工作作出了"坚定文化自信，坚持改革创新，打造传世精品"的重要指示，作为富有责任感、使命感的出版文化工作者，我们更有义务做好弘扬优秀民族文化、打造传世精品的工作，讲好中国故事，谱写中国篇章，宣传中国文化，担当中华优秀文化的传承者和守卫者。

本书编委会

2017年6月

目录 CONTENT

目录 CONTENT

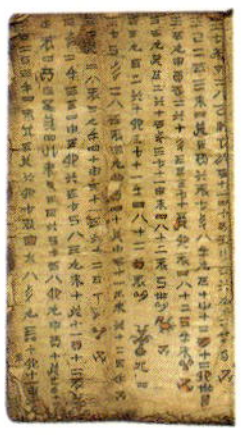

目录 CONTENT

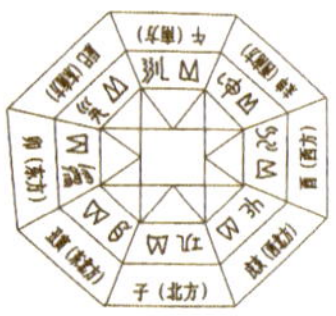

目录　CONTENT

目录 CONTENT

目录　CONTENT

青山中的芒勇湖（图/包晓闽）

在漫长的社会历史发展过程中，
水族人民用勤劳的双手不仅创造了丰富多彩的物质文明，
而且也创造了灿烂辉煌的精神文化。
具有浓厚民族特色的水族民俗是水族精神文化的重要组成部分，
也是我国56个民族民俗风情园地中的一朵烂漫的山花。

水族文化之花盛开在都柳江畔

罗春寒（水族）
贵州省黔东南民族职业技术学院教授

水族著名村寨怎雷村

水族民歌《开天辟地造太阳》

扫描二维码，优美的音乐会在您耳边唱响

肖像绘制/丁德武

》水族是中国多民族大家庭中的一员，不仅有自己的语言，而且还有一种古老文字，水族语言称其为“泐睢”，汉语称“水书”，同时，用这种文字书写而成的书籍，也统称“水书”。它是我国南方仅有的几个拥有本民族文字的少数民族之一。全国水族总人口约40万人，主要聚居在贵州省南部的三都水族自治县（以下简称三都县或三都）及周边的荔波县、独山县、榕江县、丹寨县和都匀市等，广西和云南也有少量分布。

》公元2000年以来，有关水族的研究，特别是水书的研究俨然成为一个炙手可热的学术新宠。在水族聚居的贵州省三都县和荔波县更是掀起水书抢救与保护的热潮，短短几年间，两个县从民间征集到水书手抄本多达数万册，有数十本水书被国务院列为国家珍贵古籍名录。贵州民族大学、黔南民族师范学院等高校有近10个水书研究项目被列为国家社科规划课题。学术界公开出版、发表有关水族、水书研究或水书译注的专著20余部、论文百余篇，其中还有一些是硕士和博士学位论文，可谓史无前例，蔚为壮观。从研究方向看，通过研究水书起源来重构水族历史最为引人注目，由此引起的学术争论也备受关注。

》传统学术观点认为，水族是南方土著，是百越族群支系骆越的一支，与壮侗语族其他民族同源。大约在秦汉之际，水族先民就已繁衍生息在贵州南部与广西接壤的地带。到唐代，水族已从骆越母体脱胎而出发展成为一个单一的民族。近年来，随着水书研究深入进行，一些水族学者大胆提出水族起源于中原河南睢水流域的论断，认为水族先民原是殷商王朝掌握文字的“祭师”，殷商灭亡后，这一掌握文字的族群走上漫漫迁徙逃亡之路，先是过黄河、跨长江来到岭南，与当地百越族群融合，后为逃避秦始皇大军征讨才向西北迁徙到现今居住地。上述两种截然不同的观点，引起学术上的广泛争议。

水族人心中的英雄潘新简塑像

更有趣的是，最先提出水族系殷商后裔观点是汉族学者而非水族学者。20世纪40年代，因为抗战爆发，随上海大夏大学等高校西迁到贵州的著名学者吴泽霖、张为纲、岑家梧、陈国均等有机会深入少数民族地区做田野调查，他们在水族地区意外发现深藏民间的神秘水书。岑家梧在《水书与水家来源》一文中首次向世人透露了水书不仅有所谓的“白书”，即常见普通水书，而且还有一种专门用来攻击他人或防止他人攻击自己的“黑书”，不过因“黑书所见不多，且鬼师不轻易示人”而未能深入研究。他认为从构造形式和内容看，水书与商代甲骨文有密切的联系，他在文中写道：“水书字迹与刀刻的甲骨文及金文颇多类似，至少水书与古代殷人甲骨文字之间当有若干姻缘关系；水书为一种巫术用书；水书的制造的时代极为古远；水书制造的地点初在西北一带；水书由北方次第传入江西；水书初传入江西水家后，水家由江西迁入黔省，乃携之俱来；水书是一种被压迫民族的

三都县城掠影（图/包晓闽）

文字。”张为纲在《水家来源试探》也认为水书与甲骨文有关联。他说：“今日‘水书’，已失却文字之功用，转而为咒术之工具。然细考其字形，竟有与武丁时期之甲骨文极为近似者。”且水族在尚鬼方面与殷商文化也有共同之处，“今水家之所以‘鬼名’繁多，所以尊崇巫师，所以有为咒术用之‘反书’，皆可为殷代文化遗留之铁证。”他得出结论：“今之水家，盖即殷之遗民无疑。”

》 几十年后，一些水族学者秉承老一辈学者观点，并加以补充论证，以此重构水族起源史。其理由主要是：水族自称“sui³”（音译“睢”），根据古人有以祖居地名自命族名的习惯推断，水族最早应起源于殷商时代的河南睢县、睢水流域。在民间信仰方面，水族民间盛行尚鬼习俗，且有关鬼的名称多达数百个，与殷人尚鬼的占卜文化相吻合。此外，水语中保留不少古汉语词汇，也说明历史上水族与汉文化交流密切。因而得出水族非南方土著，而是“远古走来的贵族”的结论。

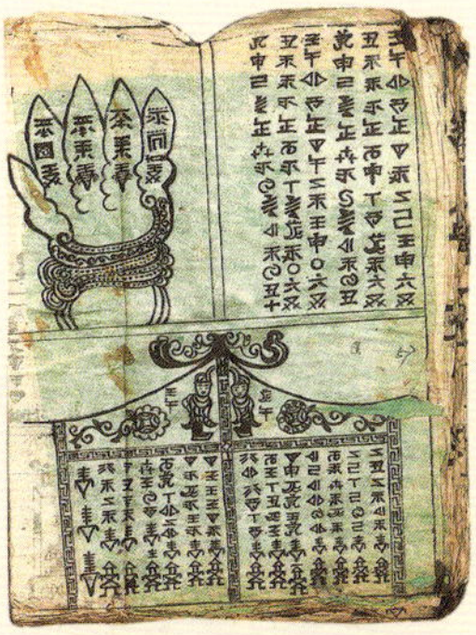

列入第一批国家珍贵古籍名录的水书《金银》，荔波县档案馆藏（图/潘朝霖）

》 对此，一些学者有不同的观点。中国社科院民研所梁敏运用历史比较语言学理论再次重申水族是南方古老民族的观点，他指出有学者认为水族起源于中原睢水流域的观点依据不足。他进一步指出，水语中保留的古汉语是借用古汉语的结果，因为这些借词中恰恰没有发现能够反映水族起源信息的基本词汇。中山大学张振江通过实地调查，在学者姚福祥研究基础上，写成《水书与水族社会》一书，通过对水书《陆道根原》每个条目的详细释读，并运用语言学、历史学、民族学、社会学等多学科理论断定水书起源时代晚至明清之际，甚至是清中期。黔南民族师范学院梁光华等人则从鲜见明代水书实物的角度论证水书起源不会早于唐代。

》 时至今日，这场学术争论似乎已归于沉寂，尽管结论莫衷一是，谁也说服不了谁，但理性看，学术争鸣是件好事，毕竟百花齐放要比一家之言更能让人开阔视野，丰富知识。可以说，最近十余年来水族或水书研究的成果已向世人展示这样一幅图景，即有关水族或水书起源的研究还有很广阔的讨论空间。其实，这场学术争议的出现也不是偶然，因为我们祖先能够留下来的有关水族族源史料信息实在太少，考古资料更是空白，明清史籍虽有记载，要么片言只语，要么语焉不详，口耳传说的东西又不足信，这种情况下，要想把水族的族源彻底说得清道得明，也绝非易事。

》 说到这，我们还是要再费点口舌说一下水书。或许有读者会问，水族既然有自己古老的文字，为什么不用水书来记载水族自己的历史呢？原因很简单，水书字数太少，区区数百字的水书（不含异体字）无法组成能够满足人们日常信息交流需要的所有完整句子，所以即便全部认识水书的几百个单字，如果没有水书先生讲解，一般人是无法了解水书其中的含义。从这个意义上说，水书也还不是完整成熟的文字系统。事实也是如此，今天的专家学者在现存的数万卷水书文献中，没有发现也不可能发现有专题记载水族历史发展过程的相关内容。

》 不可否认的是，水族文化有其独特之处，特别是水书更独具特色。水族周边不乏壮族、侗族、布依族、瑶族等人口较多的民族，为什么仅有水族有自己独特的民族文字，且有相当深厚的民间基础，确实令人费解。不仅如此，水语中为什么保留有大量古汉语借词？也值得深思，唯一合理的解释就是，历史上水族与汉族曾有过密切而长久接触，使文化的互相学习互相交融成为可能。但从已有的汉文献看，汉族对水族了解又是很晚近的事。历史学者证实，汉文献最早确切记载水族的当属明末清初广东南海人邝露所著的《赤雅》一书。这本被誉为“明代《山海经》”的风物志书，明确记载“水亦僚类”，意为水族人属南方“僚”支系。至于唐宋时期的史籍关于“水曲”“东谢蛮”“南蛮”“抚水州”等的记载，是否与今天的水族有直接关联，至今仍存在巨大争议，肯定者有之，否定者也有之。特别需要指出的是，《水族简史》中列举明代著名思想家王阳明《重修月潭寺建公馆记》一文提及水族，经笔者实地考证，纯属误读。实际上，王守仁文中所提的系“木老人”，而非水族。从古至今，黔东南黄平、施秉、镇远等地从未有水族先民居住过。错误的产生系将“木”字误认做“水”字所致。汉文献关于水族的记载，大多数还是出现在清雍正“改土归流”之后，当时称水族为“水家苗”“水家”等。清中后期绘制的《百苗图》《黔苗图说》等文献均单列有“水家苗”图录，并明确记载“水家苗在荔波县”。

》 至于水书也是长期“养在深闺人未识”，直至清咸丰年间的1860年，被誉为“西南巨儒”的莫友芝在其《红崖古刻歌》及其注释中才首次向世人透露水族地区有水书存在，距今也不过一个半世纪。无独有偶，水族地区曾流行一种造型独特的石棺墓葬形式，在今天的三都、荔波、独山、榕江、都匀等县市均有发现，仅荔波县水浦村就发现水族古墓300余座。据贵州省考古研究所宋先世等实地调查发掘，这些墓葬绝大多数也是清中后期的，清以前水族墓葬绝少发现。由此可以推断，水族与汉族间的大规模的文化交流接触应当发生在“改土归流”之后，至今还不到300年。换言之，清代以前的水族地区很大程度仍属所谓“化外之地”，水族社会还处在相对封闭的状态，外部社会对其知之甚少。到民国时代，在地方编修的方志中，如《三合县志略》等开始出现关于水族的民族志记载。抗

水族大家庭（图/包晓闽）

战时期，前文所述的吴泽霖等学者那几篇关于水族或水书研究的论文发表后，水族及水书的神秘面纱才慢慢被揭开。

甘桑字符

》 按照笔者的理解，水书的形成受汉文化直接影响是肯定的，但其中也融入了水族文化成分。至于其产生年代，应当是在水族形成之后，也即先有民族，后有文字，而非先有文字，后有民族；说水书历史早于殷商时期的甲骨文显然与史实相背，不合逻辑。至于水书形成具体时代，应当是明代。因为这个时期的贵州为交通枢纽，战略要冲之地遍设卫所，借助军屯、商屯、民屯，汉文化得到传播，水书很可能就是这个时候形成的。到了清初，水书得到进一步发展，清中后期至民国时代是水书最繁荣时期，所发现的这个时期的水书实物也最多，20世纪中叶后水书慢慢走向衰落。

》 总之，由于缺少确凿可信的文献史料及考古资料，使得一些学者在论证水族族源及水书起源问题上不可避免地出现了各执一词、互不相容的尴尬局面。但在笔者看来，水族传统文化如何得到有效的保护和传承，使之在当今迅速发展的现代社会中能够延续、生存下去，恐怕这才是我们应引起高度重视的首要问题。

2006年国务院批准公布全国首批非物质文化遗产名录，水族的端节、马尾绣和水书习俗这3项文化遗产榜上有名。此后，各级地方政府开始高度重视非遗的保护工作，水族地区也不例外，也取得一定的成效。但从目前情况看，在水族3项国家级非遗目录中，水书习俗的保护与传承存在问题最多，保护现状最令人担忧。有学者甚至悲观认为，长此以往，再过几十年，水书将变成“死书”。由此可见水书习俗保护传承工作面临的严峻形势和巨大挑战。

》就水书保护现状而言，地方政府存在两大操作上的误区，应引起足够重视。第一个误区是简单把征集水书入藏档案馆、博物馆视为保护水书的必要手段，认为只要把所有的水书收集起来保管好就是对水书最好的保护。殊不知，这是一种弄巧成拙、越俎代庖的做法，后果很严重。水书被人为搬离水族村寨，人为割裂了水书与水族社会之间天然的联系，可以想见，离开水书先生，离开生存所必需的社会生态环境，水书就会变成无源之水、无本之木，加速消亡不可避免。按照民族学功能学派的理论观点解释，水书具有指导人们趋利避害、逢凶化吉的功能，这正是水族传统社会最需要的，有需要就会有存在，历史上，水书能够长期存在于水族民间社会，也正是这个道理。第二个误区是为发展地方经济和宣传水书，不少地方生编硬造许多具有“现代”气息的新水族文字，误导世人，篡改传统水书本来的面目，也不利于水书传承发展。现在人们来到水族地区，用水书书写的各种牌匾、标语、对联随处可见。不少地方党委、政府单位甚至商家店铺的铭牌

水族学者在研究水书（图/罗春寒）

在汉字旁边增加了新造的水族文字，水书似乎成为一种自我造字功能完备的文字系统。稍有一点历史常识的人都知道，仅有几百个单字的水书里是不可能具有诸如“人民政府”“委员会”“热烈欢迎”“开工仪式”这样的文字存在的。

节日中敲铜鼓（图/罗春寒）

除水书之外，水族还有其他与众不同的民族文化，颇耐人寻味。首先是水族的节日文化，水族有“端节”和“卯节”两大节日文化系统。水族内部有过端节的群体不过卯节，过卯节的群体不过端节的说法，形成独特的“端节文化圈”和“卯节文化圈”。尽管这两个节日均被视为水族“年节”，但时间不同、目的不同、形式也迥异。相形之下，端节群体分布区域范围更宽更广，水族地区素有“端十六”说法，意指过端节的族群多，有赛马的“端坡”也很多。以今天的行政区域看，过端节的水族分布在都匀、三都、独山、荔波、榕江、丹寨等县市，几乎覆盖所有水族分布地。相形之下，过卯节的群体仅局限于三都、荔波、榕江、从江四县相毗邻环月亮山区的部分水族。一个民族内部存在两大年节性节日，互不兼容，也互不排斥，和谐共生，当是民族内部多元文化共存和认同的典范。其次是不同地区水族的民族认同具有高度统一性。由于历史和地理原因，以及各民族间文化互相交流影响，不同地区水族妇女服饰有不同特点，甚至可以说差异较大。三都县三洞、中和、水龙一带的水族妇女服饰，头帕以白色为主，上衣颜色以蓝色最常见，裤脚有花边装饰；荔波、三都九阡一带则是黑色为主色调，头帕、衣裤均为黑色；榕江、雷山、三都都江一带水族，以黑白相间方格头帕装饰，上衣以蓝色、墨绿色为主，但较三都、荔波稍短；从江摆亥水族妇女服饰，虽以黑白方格头帕包头，但其下身着百褶裙、包绑腿、腰前拴围腰，腰间两侧悬吊银质腰坠至膝的装饰，可谓独树一帜。至于都匀和丹寨的水族妇女服饰，因为分别受布依族和苗族的影响，其装束已分别与当地的布依族或苗族大同小异，水族服饰元素已基本消失。但这种情况丝毫没有影响到不同地区水族之间的认同。

水族内部认同为什么高度统一？主要原因无外乎有两个，一是语言内部一致性很高；二是全民信仰水书。语言学家研究表明，不同地区水族均可使用水语沟通交流，这对于维系民族认同至关重要。众所周知，语言是民族认同和民族识别最重要因素之一。千百年来，水族生息繁衍在现今居住地，在民族内部从未发生过大规模矛盾冲突，“端节文化圈”与“卯节文化圈”互相认同，这与水族语言内部高度一致有莫大关系。水族历经千百年，在民族交流接触中尽管或多或少受到其他民族文化影响，特别是汉文化的影响，但内部认同高度一致，除有语言一致因素，还有一个重要因素不容忽视，即水书这一精神支柱的作用。调查发现，水族社会至今对水书的虔诚迷信程度令人惊奇。时至今日，水族成员还普遍相信，日常生活中发生的各种不吉利事象均是“恶鬼”作祟使然，要逢凶化吉，或避害趋利，非通过相关水书词条禳解不可。特别婚丧嫁娶、建房造屋等重大民事活动选择良辰吉日，没有事先通过水书先生测算是不可想象的事。在很多边远的水族村寨，水书至今深藏民间，如前所述，三都、荔波两县能够在短短几年间，顺利征集到成书于清中后期至民国年间的水书数万册，算是一件可观的文化抢救工程。其数量按1949年全国水族人口不足14万人计算，几乎每10个水族人中就有4本水书，这其中还未把“文革”时期被销毁的水书计算在内，由此不难想象水书在水族民间收藏量有多丰富。在今天的丹寨县，有的水族村寨因为受苗族文化影响，不仅改着苗装，甚至语言也转用当地苗语，但在民族认同上，他们仍自称水族，并对水书深信不疑，把水书视为自己区别于苗族的民族标签。在他们看来，本民族的服饰和语言可以放弃，但民族认同的精神支柱水书信仰却不能放弃。

中国是一个统一的多民族国家。各民族文化异彩纷呈，都是中华民族文化宝库重要组成部分。历史原因，汉族由于人口众多，经济发达，使得汉族的文化一直占据中国传统文化主流位置，被视为所谓的“正统文化”。在“文化中心主义”观点的影响下，历史上的汉族也往往把其他少数民族文化视为“异文化”加以歧视，很多少数民族族名都有“犭”旁以示区别于汉族，由此造成相互间的隔阂和误解，成为中华五千年文明史上不应有的污点。1949年后，各民族不论大小一律平等观念深入民心，互相尊重，团结友爱，成为共识，民族间的友好关系提升到一个崭新高度，可以用史无前例来形容。但由于历史原因，各民族的发展水平并不一致，还存在“事实上的不平等”。时代在变迁，社会在发展进步，少数民族与汉族的差距在不断缩小，伴随现代化步伐，少数民族传统生产生活方式也在发生巨变，保护传统文化又成为人们关注的话题。进入21世纪后，多元文化观念又成为全社会普遍共识，人们在关注本民族文化的同时，也开始审视其他民族的文化。人们不禁会问，人类共同生活在一个星球上，为什么不同民族文化不同？中国有56个民族，每一个民族的文化“亮点”体现在什么地方？怎样从文化差异上认识了解一个民族？学术著作对于普通读者来说，文字描述过于专业，难以让人一目了然。而随着互联网的普及，通讯手段的丰富，人们获取资讯的渠道大量增加，更是使得“信息爆炸”演变成“信息泛滥”，面对汹涌而来的

无限增长的信息已让人们感到无所适从，如何从浩如烟海的信息海洋中迅速而准确地获取自己最需要的信息，变得非常困难。在这样的时代背景下，我们通过什么样的方式，在短时间内正确认识了解中国的56个民族以及他们各自独特的民族文化？

》 上海世纪出版集团经过精心策划，做了大胆的尝试和探索。一方面是在编写体例上，不求面面俱到，讲究突出文化“亮点”，把共有或同质化的东西剔除出去，让读者在短时间内能够马上聚焦民族文化的精华内容，有效防止因为过多甚至无用的信息让读者产生阅读疲劳，达到赏心悦目的效果；另一方面是把传统纸质书籍与互联网有机结合起来，让读者享受读书乐趣的同时，还可以通过二维码扫描方式，即刻在手机或电脑上欣赏到动态的音像视频信息，使得少数民族文化更能直观生动地呈现在读者面前，顷刻间，读者变成了观众。可以想象，以这样的方式来呈现水族文化的精华——水书、马尾绣、节庆、服饰、歌舞、饮食等，对于一个急切想认识了解水族及水族文化的普通读者来说，就可以在享受休闲阅读乐趣的同时，不知不觉丰富了自己对水族及水族文化的认知。

》 我们有理由相信，上海世纪出版集团的这一设想如果变成现实，必将为宣传普及中国少数民族知识，弘扬民族文化，增进民族团结友谊发挥不可估量的积极作用。我们期待上海世纪出版集团这套丛书能够早日与广大读者见面。

制作水族名菜“鱼包韭菜”（图/王何以）

水族

人口与分布

水族总人口411847人（2010年），主要生息于黔桂交界的龙江、都柳江上游地带，贵州黔南布依族苗族自治州的三都水族自治县、荔波、独山、都匀等县市为主要居住区，黔东南苗族侗族自治州的榕江、丹寨、雷山、从江、黎平等县为主要散居区，此外在广西北部的河池、南丹、环江、融水等县市以及云南富源县也有水族村落分布。

1957年，国务院批准成立三都水族自治县，族称定为水族。

语言与文字

水族有本民族的语言和传统文字。水语属汉藏语系壮侗语族侗水（侗台）语支。在日常生活中水族地区通用汉文。

水族古文字，以及用这种古文字著编的信仰文化、民间知识杂糅的典籍，水语通称为“勒睢/泐睢”，汉译为“水书”。水族古文字体系保留着图画文字、象形文字、抽象文字兼容的特色，2500多个单字中，大部分为异体字。水书被誉为水族的“易经”“百科全书”。2002年，国家档案局、中央档案馆将水书列入首批中国档案文献遗产名录，作为重点民族古籍进行收藏。2006年，水书习俗被列为首批国家级非物质文化遗产名录。

水书内容博大精深，除了直接反映水族天文历法、原始信仰之外，还兼容了水族哲学思想、文学艺术、语言文字、布阵攻守、伦理道德、生产生活等诸多方面的内容，成为研究水族历史文化的珍贵典籍，也是宗教学、历史学、民族学、民俗学、语言文字学等学科研究的珍贵资料。其中，信仰文化所记载的水族众多的鬼神，既反映了水族万物有灵的泛神观念，又反映了水族先民认识自然、改造自然，认识社会、改造社会的经验积累。水书是水族

水族分布图(地图编制：中华地图学社；手绘：ZITAO)

民间传统文化的精华，是民族精神、民族凝聚力、民族亲和力和民族情感的重要载体，成为全民族信仰的精神支柱，成为维系水族各支系的重要精神纽带。

环境与资源

水族主要生活在都柳江、龙江上游地带，这里气候温和，宜于种植。在水族和周边兄弟民族的辛勤开拓经营下，这里逐步变成竹木成林、鱼米花果之乡。水稻、小麦、玉米、棉花、油菜、苎麻、蓼蓝草等是主要农作物。水果有李、橙、桔、桃、梨和杨梅等品种。都柳江、龙江上游水产丰富，有鲤鱼、鲥鱼、青鱼等。竹木种类主要有杉、松、楠木、楠竹、麻竹、油桐、油茶等，林区中生长麦冬、杜仲、茯苓等多种珍贵药材。矿藏品类主要有铁、煤、汞、锑、硫磺、铅、锌等。

信仰与风俗

水族的信仰文化属于原始宗教信仰范畴。水族认为万物有灵而崇奉多神。自然崇拜、祖灵崇拜、神灵崇拜构成了水族信仰的核心。在水族社会中，不论是原始宗教信仰的崇拜对象，或是崇拜形式、信仰仪式，还是原始道德的内容及其形式与传承方式，都比较清晰地反映出信仰文化与民间知识二者相互杂糅、有着千丝万缕联系的特点。

水族有本民族自己的历法——水历。水历与农历基本一致，不同的是水历以农历八月为岁末，九月为岁首。水族的岁时节日丰富而奇特，有20多个，如端节、卯节、额节、苏宁喜节、敬霞节、春节、清明节、端午节、铜鼓节、洗澡节、黄饭节、花椒节、二月二祭白龙、三月祭龙节、六月祭土地、六月祭山神、七月半、七月接送老祖、中秋节、重阳节、十月春牛粑、拜庙、宇魉、吃新节等等。过节日子依照水书择定，节日之繁多，特色之浓厚，个性之鲜明，实属罕见。水族纷繁多彩的岁时节日，与水族悠久的历史、历法、农耕文化、原始信仰、居住分布等紧密相连。

2006年，“水族端节”“水族卯节”分别被列为国家级、贵州省级首批非物质文化遗产名录。端节是水族过节范围最广、人数最多、历时最长、批次最多的节日，被誉为水族最盛大的年节，也属世界上历时最长、批次最多的年节。

水族丧葬集中体现了祖灵崇拜、神灵崇拜、自然崇拜的信仰文化内涵。同时，丧葬又成为水族传承孝道和祭祖礼仪、调整人际关系、提升血缘氏族凝聚力、交流社会知识的重要活动。

鱼是大多数水族地区的图腾崇拜物，在祭祀祖先和丧葬活动中，鱼的圣物角色尤其显得突出，鱼包韭菜是传统的供馔。

勤劳的水族人民开垦层层梯田(图/包晓闽)

本书导读示意图

图片：既有近百年来中外著名学者亲历现场所拍摄的第一手影像资料，也有当代摄影家极尽巧思的唯美大片，涵盖面广泛，于文本之外，自成一个独立的图片系统。

专题标题：以虚实结合的文字概括各民族的某一重要文化事项。

正文

民族经典纹样

拓展阅读：与专题相关的名词解释、背景知识、人物小传、田野实录等的延伸阅读，为你构建多维度、多侧面的全息专题文化影像。

多媒体技术的全新运用和呈现：音（视）频链接为你直观展现民族文化的某个片段。从此，纸质经典不再是一位沉默的朋友。

水族社会的精神支柱

水书是水族文字及典籍的总称，是水族之魂

水族人的生活离不开水书

世界上很多民族都有自己独特的文字，用以承载数千年的文明历史。水族把自己文字称为“泐睢”，“泐”即为“勒”，在古汉语里有“刻写”之意，所以“泐睢”直译就是刻写或书写水族文字的意思。

在水族社会，水书可以说是人民的精神支柱。毫不夸张地说，水族人对水书的尊崇达到了膜拜的程度。在水族人眼里，水书是神圣不可亵渎的。婚丧嫁娶、修房造屋、节庆祭祀、经商求学等活动中须臾离不开水书，水书因此成为规范水族人行为的准则，人们对水书深信不疑，不敢轻易冒犯。

在水族民间传说中，历史上有关水书被外族人毁坏、禁止使用等事例很多，但水书却能够顽强地传承下来，说明水书在水族人心目中所处地位之重要，更显现水书是水族人当之无愧的精神支柱。依据人类学功能学派理论，水书作为一种文化现象，之所以能够在水族社会长久生存延续，最关键的原因是水书对水族来说有实用性功能，换言之，水族社会需要水书，水书因此能够长久存在。

学习水书要举行庄重严肃的拜师仪式，其中拜祭水书始祖是必不可少的内容。除此之外，抄写的水书也要悉心珍藏保管，轻易不能示人。

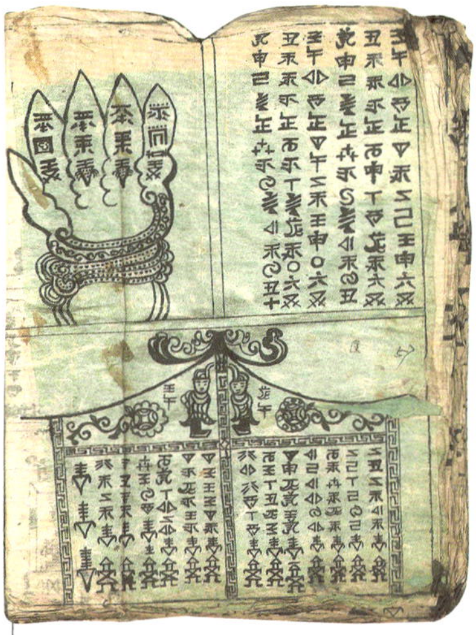

列入第一批国家珍贵古籍名录的水书《金银》，荔波县档案馆藏（图/潘朝霖）

水族文字到底有多少个字？

1986年出版的《水族简史》称有400多个字，《中国水族文化研究》称有500多个字。而专家在查阅的2000余卷水书中发现异体字主要集中在十二地支、春夏秋冬、天干、九星等单字上，例如，目前发现“寅、卯”等字的异体字已各有30多个。对于水族文字的异体字，保守地推测，如果每个水族文字单字至少有1个异体字计算，那么总量约有1600个，目前能释读的仅三分之一左右。

水族—60

专题段落标题：揭示这一重要文化事项的不同断面，分层切入，条分缕析，引你直抵现象背后的文化之核。

造字鼻祖“公六铎”

关于水族文字的起源，水族有自己一套神奇的传说故事，把“公六铎”视为造字和文化始祖。“公六铎”水语是“六个公公（爷爷）”的意思，也写作“六铎公”“陆铎公”“陆铎拱”等。

公六铎造字的传说别有趣味。他在燕子洞里与燕子对话，燕子告诉他天地人间的各种玄机，他按燕子说话的声音和口形用符号记录了下来。天地山川、虫鱼鸟兽，尽列其中，尤其能够描摹神灵的行踪与去向，所以水书能预测天地人间各种吉或凶的兆象。

相传公六铎花了6年时间创制文字。起初，水族文字“多得成箱成垛，堆满一屋子”。后来因他利用水族文字为一个小孩推算出与其神母见面的日子和方法，惊动了天皇。天皇认为，水族文字太厉害了，怕人们掌握后难以对付。于是，就派天将用装着火药的小葫芦骗取小孩的欢心，结果小葫芦里的火烧了装着水族文字的房子，只剩下压在砚台下的几百个字。公六铎生怕再遭天皇算计，此后全凭记忆把文字装在脑子里，谁也偷不走。因此，水族文字只剩下全靠口传心记的几百个字了。

众所周知，文字的产生有一个渐进的历史演变过程，它并非一人的独创，而是多数人创造的文化成果。如同其他民族一样，水族文字的创造集中了多人智慧，体现了集体创作的鲜明特点。如前所说，水语里的“公

水族民歌《开天辟地造太阳》
扫描二维码，优美的音乐会在您耳边唱响

汉　字	乾	坤	震	巽	坎	离	艮	兑
水族文字	[illegible]	[illegible]	[illegible]	[illegible]	[illegible]	[illegible]	[illegible]	[illegible]
自然卦象	天	地	雷	風	水	火	山	泽
卦　画	☰	☷	☳	☴	☵	☲	☶	☱
卦　形	[illegible]	[illegible]	[illegible]	[illegible]	[illegible]	[illegible]	[illegible]	[illegible]

甘桑字符（图/罗春寒）
2011年11月，在广西平果县马头镇甘桑社区，民族工作者意外发现当地农民在耕作时采集到的数十片刻有字符石片、陶片，引起学者们的高度重视。这些称之为“甘桑石刻字符”实物，累计有1000余个字符。经过专家学者研讨，部分学者认为与广西壮族过去存在的土俗字有关；一些水族学者则认为，此字符与水书高度相似，并乐观地认为这是水书实物出土的重要物证之一

撰稿专家

韦宗林，水族，贵州民族大学教授、硕士生导师，贵州省水家学会副会长。主持完成国家社科课题《释读旁落的文明——濒危的水族古文字与古汉字比较研究》；著有《守望与超越》等2部，主编《中国水族文化研究》等2部，发表学术论文20余篇。

《释读旁落的文明——水族文字研究》

扫描二维码，阅读专家代表著作的电子版

图片说明：拒绝标签式的大白话图片说明，每一段解读，或长或短，都经撰稿专家反复推敲，发图片画面之所未发，读图时代，仍然需要如此点睛之笔的助力。

专家简介：为你介绍各章撰稿专家的学术背景、学术成就，在作者与读者之间搭建起一座信任之桥，论世需要知人，论著也当知人。

代表性论著链接：扫描二维码可阅读该专家代表作，并可进一步在中华民族文化经典学术著作数据库中阅读其他民族文化学术著作。

表格：删繁就简，将大段枯燥的学术性表述华丽转身为一目了然的图表，文明演进的过程、文化现象的罗列，由此变得简洁明了。

掩映在秀丽山水中的水族村寨怎雷村(图/梁卫民)

怎雷村位于贵州三都水族自治县都江镇,地处都柳江与龙江上游分水岭的山脉中,东靠大山,西临都柳江支流排长河。据口述家族历史及祖坟墓碑记载推断,清康熙年间该寨先民迁居于此,约在清中期形成。今天村寨规模全村现有200多户,近1千人。怎雷水族古建筑群是水族传统文化传承的重要场所,是研究水族及中国西南少数民族文化史的重要实物

第1章

风凰展翅神仙境　远古走来水族人

历史与人文地理

本章主撰稿人：贵州省黔东南民族职业技术学院教授　罗春寒

贵州省三都水族自治县民族研究所研究员　石国义

关于水族的来源，在中华人民共和国成立后的较长时期里，学界比较一致的看法是：水族是由古代南方百越民族中“骆越”的一支发展而来的民族。但是，近年来，DNA遗传学研究则表明，水族不是典型的南方民族，其遗传基因中的等位频率、单倍型无根系统树和基因多态性，在同典型的南方民族比较中，其差异度最高；特别跟曾与中原大地有过时空密切联系的其他民族相比，其等位基因频率的相似性又最大。因此，遗传学家的结论是“水族是一个古老的族体”。

历史语言学研究也表明，在壮侗语族诸语言中，水语不但是保留这一语族最古老语言面貌的语言，而且在发生学上水语与汉语具有同源的关系。从事水书研究的学者也发现，水书文化和水族古文字与中原的殷商文明和甲骨文之间有着诸多的联系。

结合DNA遗传学研究和历史语言学的相关成果，学者们在肯定水族先民从骆越母体中分化出来形成单一民族的同时，他们进一步推断：水族先民群体由两部分组成，一部分是由中原南下的骆人，一部分是骆越子民。由中原南下的骆人是水族先民的主体，在骆越社会之前，就已经有了很长的文明史。

伴随先民南迁的足迹，水族的住居文化，也经历了从天然崖洞穴居到巢居的文化变迁。骆越社会时期，水族先民的住居形式仍以洞穴为主。秦始皇兵伐岭南之后，水族先民为避战乱，定居黔桂边境，住居形式亦由穴居向巢居方向发展。考察现今水族聚居区的村寨地名发现，以“洞”命名的地方村寨，仍然为数不少，这些地方，有的地名与天然洞穴吻合，而更多地方，只有洞的地名称谓，但村境内并无天然洞穴，表明村寨地名延续了洞居时代的命名传统，足见洞穴居住形式对水族社会村寨文化形成的影响。

从远古走来

水族是个古老的民族，有着丰富的文化积淀，创造了灿烂的文明

水族的“水”是什么意思？

水族自称“sui”，较准确的汉字音译应为“睢”或“虽”，其涵义到底是什么？没有一个普遍认可的答案，连水族同胞自己也不知道如何解释“sui”的含义。在水语里，“sui”有“篦子”和“梳理”的意思，但水族同胞并不认为他们的自称与“篦子”或“梳理”有直接关联。

近年来，一些水族学者经过进一步研究认为，水族的自称应当与其可能发源于中原河南睢水流域有关，“sui ”即睢水的“睢”，因地名转而变成族称。水族古歌中有“吃睢水，成睢人”说法也印证这一种猜测。但这种观点学术界还有很大的争论，因为传统的学术观点认为水族并非起源于中原睢水流域，而是地道的南方百越族群后裔。

不管怎样，早起唐代，迟至明清，汉族文献中都出现过水族称谓，把水族称为“sui”，音译为“水”或“水家苗”。明朝邝露《赤雅》中有“水亦僚类”的记载，意思是说水族属于“僚”这一类南方少数民族。清嘉庆年间，贵州八寨（今丹寨县）同知陈浩所作《八十二种苗图并说》（后被称为《百苗图》之一），称水族为“水家苗”：“水家苗在荔波县，雍正十年自粤西改辖于黔之都匀府，男子喜渔猎，女子善纺织，有‘水家布’之名。穿桶裙短衣，四围缀花布。”

1949年后，经过民族学、历史学、语言学和民俗学等各方专家的考察论证、研究，水族被认定为单一民族。最初将水族称为“水家族”。1956年9月11日，国务院第十三次全体会议通过了《关于撤销三都县、松桃县和设置三都水家族自治县、松桃苗族自治县的决定》。这是中央人民政府在正式文件中，第一次确认水族族称为“水家族”。

但在筹建自治县时，一些水族人士鉴于历史上汉族统治者将水族同胞蔑称为“水家崽”，认为“水家”与“水家崽”在字眼上有着较多的关联，要求将“水家族”更名为“水族”，并向中央申请报批。1956年12月21日，国务院批复了更名方案，确认了“水族”的族称，水族这一族名从此被固定下来。

但随着民族政策的贯彻落实和民族歧视的消除，“水族”这一族称又凸显了其局限性，这个称谓让外人容易将之与海洋水产生物世界之“水族”产生混淆。因此，一些从事水族文化研究的本民族学者，有时在行文中也使用“水家”这一称谓来指代族称，以避免外人一些不必要的联想。如专门从事水族文化研究的民间社会组织就取名“贵州省水家学会”“荔波县水家学会”“黔东南州水家学会”等，目的就是要与从事海洋生物研究的“水族学”区别开来。当然，“水族”仍是国家对这一族体的法定族称。

是南方土著还是中原移民？

明代史籍邝露的《赤雅》中有“水亦僚类”的记载，即认为水族是属于南方“僚”类民族，这是目前所见最早关于水族族源观点的记载。

1963年编纂的《水族简史简志合编》首次从国家正史的角度，提出水族来源于“骆越”的观点。1985年，

清代各版本《百苗图》中关于"水家苗"的记载

国家民委《民族问题五种丛书》在《水族简史》中进一步明确："水族是我国多民族的大家庭中的一员，是我国南方由古代'百越'族群中'骆越'的一支发展而成的单一的民族。"并指出："秦汉以前，岭南一带聚居着许多部落，如'西瓯越''南越''骆越'等，与东南沿海的其他诸越统称为'百越'。"之后，水族人口分布较为集中的三都县、荔波县、榕江县、独山县、都匀市、丹寨县等先后出版的县志民族篇以及《贵州省志·民族志·水族篇》中均沿用《水族简史》的观点。

但是，早在清代就有学者提出水族可能源于中原。清代贵州大儒莫友芝在《红崖古刻歌》中，从训诂学的角度首次提出了水书与中原文化有关联。20世纪40年代的"边政研究"中，岑家梧在《水书与水家来源》一文提出："水家似为古代殷人之一支，原住中原一带，其后逐渐南迁黔桂，因与台语系族杂处，而语言风俗上，受台语系族之影响，即成今日之状态。否则至少水书与古代殷人甲骨文字之间，当有若干姻缘关系。"张为纲在《水家来源试探》中则直言："今之水家，盖即殷之遗民。"

2000年后，随着水书抢救整理、研究工作的不断深入，一些水族学者结合水书、遗传学、社会学、人类学等方面的最新研究成果提出关于水族起源新观点，认为水族"发祥于中原睢水流域"，后南迁与骆越

水族男子传统服饰（图/潘政平）

远古时期水族服饰的情况已不可考。水族男子的服饰在清朝时就已基本与当地汉族无异，身穿大襟、宽袖长衫，下穿宽腰长裆大筒裤。辛亥革命后，男子服饰发生重大变化，除老年人外，穿长衫的现象已不多见，人们开始改穿对襟便服。到1949年前后，水族男子的服饰已完全汉化。近年来，地方政府为宣传民族文化，推动地方经济社会发展，在一些大型展演活动中，年长的水族男性开始着大襟长衫水族服饰

不同地区水族妇女的传统服饰有不同特点，贵州三都九阡一带少女服装以黑色为主调，配以纹样精美的围裙等（图/莫晓曦）

民族融合形成水族。而传统观点认为水族是南方古老土著民族，其族源来源百越族群瓯、骆支系。二者有很大的出入，双方各执一词，争议十分激烈，到底孰是孰非，还有待历史学、社会学、民族学、考古学等相关证据的进一步考证。

中原殷商文化的遗痕

很多资料表明，在进入骆越社会之前，古代水族先民已经有了漫长的发展史和文明史，而在骆越族系中，确实有来自中原的骆人群体。有学者结合水书内容及文字与甲骨文有相类似地方进而推断，远古时候，水族先民可能是以“文化贞人”（专业从事占卜活动者）的身份，为殷商王族提供占卜、祭祀等“国之大事”服务。在古代掌握文字的阶层只能是贵族而非一般普通百姓，因而有人形象地赋予了水族“远古走来的贵族”的身份。

主张这种观点的学者坚持认为，今天水族社会的整体文化表征具有明显的骆越文化特点，但其内核中的诸多文化现象，仍体现为中原殷商文化的遗留，还隐存着许多与殷商王族礼仪一致的社会礼俗。

殷商至西周时期的宫廷及贵族阶层“食用动物有牛、猪、乳猪、羊、犬”，其中乳猪为待客之道，现在骆越后裔民族中，只有水族有“乳猪待客”的习俗，并视为是待客的最高礼节。

生活于三都、都匀交界地带的水族，在男孩长到十三岁时，要举行“章甫”成丁礼。成丁礼之后，男孩就可参与家族宗支的公众活动和社区的社交活动。“章甫”，在水语中是儿童长大成成年男子之意。夏、商、周的中原地区，成年男子“加冠礼”，夏代称“毋追”，商代称“章甫”，周代则称“委貌”。商代“章甫”不但称谓与现代水语发音相同，且寓意也完全一致。

水族的二滴水建筑外形与考古发掘的郑州商代宫殿复原图一模一样，皆为重檐式屋顶、高台式台基、宽

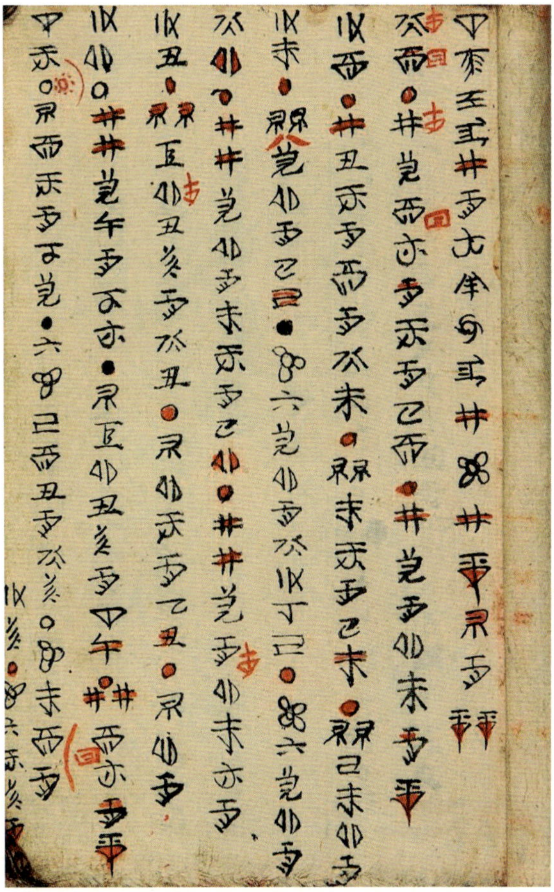

水族文字——水书

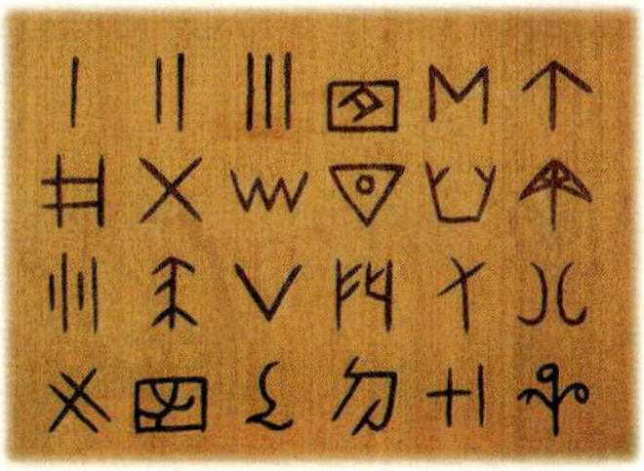

河南偃师二里头遗址夏陶上的符号，与水书有相通之处，引起了考古学界的重视，有学者提出水书与夏陶符号是一种文字的可能性，进而推论水族先民来自北方

型石梯出入口，而二滴水建筑是一种仅见于水族社会的特殊建筑形制。

根据民族学资料，壮侗语族诸民族中，过去的恋爱婚姻均比较自由，即使在封建社会中存在较为普遍的包办婚姻现象，程序亦较为简单，只有水族社会的婚姻，自古以来就一直沿袭从问亲、定亲、吃小酒（俗称吃媒酒）到结婚等至少6个程序的婚姻仪式过程，而且在

"定亲"和"吃小酒"的仪式上，必须举行占卜活动，以决定是否可以结婚和什么时候结婚，与商代婚姻的占卜仪式一致。

宗教方面，"殷人尚鬼"是学术界公认事实，殷墟甲骨卜辞中的祭祀卜辞证明，商朝的统治者敬畏和崇拜的鬼神有至上神，有日、云、风、雨、雷等自然神和高祖、先公、先王、先妣等祖先神近200多种。现今中国少数民族的民间信仰中，以水族所敬畏的鬼类最多，多达300多种名目的鬼神，"水家鬼多"是其他周边民族对水族文化感性认知的重要标签。

殷商甲骨文是一种主要用于记录占卜及祭祀的文字系统，而"水书"主要也是用于卜筮的文字系统，体现为民间的一种"卜筮"文化。"水书"的多数古文字，不但字形、字义与甲骨文相同或相似，研究者王品魁甚至更直接通过对比研究指出：水书同源于洛书。

与壮侗语族的其他民族相比，水族语言声母、韵母均较为复杂，在发生学上与汉语具有同源关系，语言词汇中夹杂着大量的中原汉语古音；不仅如此，"水书"的文字中诸多的古文字（尤其是天干地支文字）与甲骨文及金文字形相似，字意相通，是同一文化系统的文字符号。

从DNA看水族族源

1995年，贵阳医学院晋华黔主持利用"酶切"进行"贵州汉族、苗族、布依族和水族人群线粒体DNA多态性研究"的工作。结果4个民族人群里，从水族资料中观察到的遗传变异度最高。该项研究指出：这样的变异度"提示水族可能是一个古老的民族群体"，表明水族先民成份中，除骆越族系的遗传基因之外，还拥有不同于骆越族系的其他遗传基因成份，因此，水族族源不像骆越族系直接后裔的其他民族那样单纯。

晋华黔之后，何燕、余跃生等其他遗传学人的研究，不但印证了晋华黔的结论，而且指向更加明确。他们的研究有以下结论：一、水族是一个古老的民族群体；二、与其他典型的南方民族相比，水族遗传基因的多态性表明这个民族群体基因有着明显的时间积累变异表征；三、水族同西北民族甚至中亚人群的相似性，明显高于同属百越民族骆越族系后裔的其他民族；四、在南方民族群体中，水族与壮族、黎族、广州汉族，以及台湾汉族和台湾少数民族均有较近的亲缘关系。

遗传学家在肯定水族是一个古老的民族群体的同时，又不约而同地将水族遗传基因的这种特性，解释为是"共同史载起源的民族群体可能由于在分开后经受的迁移和分化事件不同，在遗传上会有相应的差异"造成的。使用"可能"这样的字眼来解释水族遗传基因的这种特性，就是说，他们也不十分确定，水族遗传基因的这种多态性一定是在民族分化过程中，"由于在分开后经受的迁移和分化事件不同"所形成的差异。按常理，从骆越母体社会中分化出来形成单一民族之后，在自封闭状态下缓慢发展的水族群体，其遗传基因应表现为一种常态的稳定遗传。因此，水族遗传基因的多态性，也有可能是民族分化之前基因积累的差异。

事实上，水族先民在定居黔桂边境之后，一直在自封闭状态下缓慢发展。汉代以来，除了与相邻而居的壮、侗、布依、毛南及苗、瑶等民族之外，水族先民并没有与外界的其他民族产生过任何较大的交往，更不可能有民族交汇融合之事件发生。偏居西南大山中的水族人群，与远居西北的民族甚至中亚民族有着如此众多的相似性，答案只能是这些民族历史上曾发生过某种关联。

大迁徙：辗转千年的脚步

艰辛跋涉后与南方的骆越社会融合

一路向南，融入骆越

水族先民骆人为什么要南迁进入骆越地区呢？学者何光岳认为：“因周朝建成周于伊洛之间，东周平王又迁都洛邑，骆人只得放弃故地，南经湖北、湖南而迁至广西雒水。”一些水族学者则进一步推断认为，商王朝被灭之后，水族先民可能是作为殷商的贵族祭司阶层，为躲避周王朝的追杀而被迫南迁；另外一种更可能的原因是商代有活埋贞人现象，服务于某一商王的水族先民，在商王死去而未及举行亡祭之时，便逃离王宫，携族人从此远离殷商王朝的统治区域，并为躲避王朝的追杀而刻意隐瞒自己的身份。

左江风光（图/视觉中国）

左江，珠江水系上游支流郁江的最大支流。古代称斤南水、斤员水，发源于越南与广西交界的枯隆山，于凭祥市边境平而关进入中国境内后称平而河，流至龙州县城有支流水口河汇入，以下称左江。左江两岸，群峰争艳，山清水秀，水族民间传说其祖先曾在此流域生活

左江流域岩画
在广西壮族自治区左江流域，发现了大批战国至东汉时期的岩画。自1956年以来经过多次调查，共发现79个地点，280组画，大多画在临江的悬崖陡壁上。画面以人物为主，兼及动物、器物和几何形符号，规模宏伟壮观。所有的岩壁画都用赭红色颜料涂绘，单色平涂，不作细部描画，也不画背景。人物均呈舞蹈姿态，双手曲肘上举，两腿跨开半蹲，带有神秘的原始宗教气息。许多学者认为，画面内容主要与祖先崇拜有关，也许就是当时氏族集体举行祭祀活动的场面。作画者大约是当时的骆越人

水族先民无论由于哪种原因离开睢水流域，尽可能远距离地离开殷商王朝或周王朝统治的中心区域，都是他们的目的。这一目标使他们一路向南迁徙，一直抵达广东茂名、湛江、雷州半岛一带的海岸线，因大海的阻隔才在广东地面作了一段时间的停留。

他们停留的地方就是水族神话传说中"地面宽广平坦，海水平岸"所描绘的地方。在这里，水族先民接触了骆越社会的骆田农业，后来因"在广东做不成吃"，才转而西迁。

水族先民辗转到达邕江流域的桂西地区。战国时期，他们已经完全隐入了骆越族系，并成为骆越族系中一个重要分支而活动于骆越社会中心——邕江上游左江流域一带。

水族民间传说中，其祖先在广西的居住地和活动中心叫"岜虽山"。据一些专家考证，水族所称"岜虽山"可能是今广西左江流域花山岩画群分布的区域，这一地区也正是骆越族群分布的中心区域。水族先民居于"岜虽山"，使其后来向黔桂边境迁移时，必须涉江渡河，这与水族民间流传的《迁徙歌》"古父老住在睢雅，从睢雅到广东，在广东做不成吃，在广西积不起钱，哥溯红水上去，弟沿清水下来，中间公渡过彼岸，到丹州养育后代"的歌谣传说相互印证。迁徙歌中的"睢雅"汉语意为"睢人住的地方"或"睢人住的河边"，综合水语"睢雅"所指的情景也可以分析出，水族"古父老"们的原居地应是睢水流域的某地。

在此期间，水族先民接触了百越民族的稻作农业文明，并促成了他们由"渔猎采集"经济生活方式向"稻作农业"和"渔猎捕捞业"并举的经济生活方式转型。

公元前221年秦始皇统一六国之后，为扩大秦帝国统治版图，派遣屠睢率50万大军征讨岭南。水族先民被迫离开岜虽山涉渡红水河，向黔桂边境迁徙并定居下来，形成今天水族大致分布区域。

活跃在黔桂边境

到唐代，水族先民已发展成为一个单一的民族，成为黔桂边境一支重要力量活跃于中国民族历史的舞台。也是在唐代，汉文史籍开了将"睢"人族体记述为"水"字的先河。

《旧唐书·南蛮传》记载："东谢蛮，其地在黔州之西数百里……首领谢元深，既世为酋长……贞观三年，元深入朝……以其地为应州，仍拜元深为刺史，领黔州都

督府。”《新唐书·地理志》:“贞观三年,以东谢首领谢元深地置县五:都尚、婆览、应江、陀隆、罗恭……开元中,置莪、劳、抚水等羁縻州。”学者研究认为“应州”地境应为今天黔南、黔东南都柳江流域地区,“都尚”应为民国都江县境(后与三合县合并为三都县),“婆览”为今三都县之恒丰、廷牌、合江一带,“莪州”为今荔波县玉屏镇之莪浦,“劳州”为荔波县之捞村乡,“抚水州”地跨今黔桂两省区,界于融州和环州之间,大部分属今天广西河池地区,主要包括今天宜州、融水、环江、南丹、河池、都安等地。这都充分说明这些地方是当时水族人口分布的重要区域,是史籍对水族族体(部落)的最早记载。

有学者进一步指出,“莪浦”是水语“五位父亲”或“五个兄弟”之意,用作地名,是指“五位父亲或五个兄弟共同居住的地方”。“劳”在水语中是“大”的意思,用作地名指“大地方”或“大地坪”之意。“抚水”与“扶绥”或“扶睢”一样,只是汉语音译水语的不同,在水语中的语意完全相同,“扶睢”更贴近水语发音的原音。唐代置这3个羁縻州时直取水语地名作州名,一是说明水族在当地居住的历史已相当久远,二是表明羁縻州的设立,显然是出于管理水族社会的需要。

从《宋史》中关于抚水州(包括抚水、京水、多逄和古劳四个县,主要为今广西环江一带,及毗邻贵州荔波县的部分地区)的记载,可以看到“夹龙江居”的水族社会发展的轮廓。当时,这里的农业生产已有相当的发展,平地广种水稻,有“种稻似湖湘”之美誉,酋长居住的地方有“楼屋战棚”,并有栅栏护卫。“其酋皆蒙姓……民则有区、廖、潘、吴四姓。亦种水田,采鱼。”《民国荔波县志稿》云:“宋开宝三年,置荔波州,隶庆远府,属岭南西路。”这些史料都比较全面记录宋代水族社会生产生活状况,也说明水族经济社会较唐代有了新发展。

为了反抗封建王朝的高压统治,抚水州的水族上层还组织地方武装,多次“犯

水族人大多选择依山傍水之处建立村寨(图/梁卫民)

从清代关于“水家苗”的绘画中，可以明显看出水族人以稻作和捕鱼为主要生产方式

边作乱”，威胁到中央王朝的统治。为防止水族人民再与朝廷抗衡，宋王朝除改抚水州名外，还有意识地把水族人民迁移到汉族地方安置。这一决策之目的，就是要分化瓦解水族社会实力，从根本上消除西南地区隐患。从此水族社会日趋衰微。

宋末元初，水族已进入封建社会。蒙姓贵族在龙江上游的广大地区建立了封建领主制度的形态，但仍保留着较浓厚的农村公社色彩，领主对辖区内土地并无绝对的支配权，人身依附关系并不牢固，而且在社会基层组织的“洞”或“寨”内，成员还有一定的独立自主权。“洞”“寨”内有自己的领袖“都老”管理内部事务，遇有战事则敲击铜鼓或吹牛角，由“都老”召集成员参加战斗。

明代，水族地区的社会经济有了显著的发展。在农业生产方面，由于生产工具的改进，在较平坦的地区新开了很多水田。过去采用刀耕火种的山区，也已开辟为梯田，改变了过去“不以牛耕”的习惯，兴修水利，灌溉田亩，生产技术有所提高，粮食产量有了增长。依附于农业的家庭手工业也有了显著的发展，特别是手工业纺织产品不但可以自给，还有剩余拿到市场出售。定期赶集的初级市场也在不断形成，并出现了较大的集镇。驿站的普遍设置，在客观上便利商旅的往来，与外地经济往来联系更加密切了。随着江南汉族移民大量迁入，带来了先进的生产技术，水族人民与汉族人民互相学习，友好

相处，对水族地区的经济文化发展起了促进作用。

从清初到鸦片战争的200来年间，水族地区的社会经济有了进一步发展。农业生产有了显著的提高，在平坝地区，水稻亩产可达300斤以上，已有少数从农业分离出来的独立手工业者，在烂土、三脚屯及荔波县城等城镇出现了小规模的手工业作坊。根据嘉庆年间的记载，当时手工纺织技术已达相当水平，烂土出产的斜纹布，称为“顺水斑”，行销邻近各县。商业也逐渐发展起来，乾隆时，仅三脚屯州洞辖区内，农村初级市场即有14个之多，来往商旅络绎不绝。清朝统治者为了加强对水族人民的统治，在水族的土司辖区内增设流官。

自唐开始，经过宋元明清几代的发展，水族聚居区的人口发展逐渐充盈，聚居区不断扩大，形成了今天水族人口分布的主要区域版图。

水族人主要生息于黔桂交界的龙江、都柳江上游地带，贵州黔南州的三都水族自治县及荔波、独山、都匀等县市为主要居住区，黔东南州的榕江、丹寨、雷山、从江、黎平等县为主要散居区，此外在广西北部的河池、南丹、环江、融水等县市以及云南富源县也有水族村落分布（图/莫善军）

不挠不屈水族魂

2013年2月，潘新简塑像在三都水族自治县九阡镇水梅村落成

在水族历史上，出现了一些可歌可泣的人物。如清咸同年间起义领袖潘新简，民国时期被誉为"水族三杰"的潘一志、韦绍乔、潘家相，共产主义先驱、中国共产党一大代表邓恩铭。

农民英雄潘新简

潘新简（1819或1820—1869），小名阿简，贵州三都县九阡镇人。他领导的起义，是水族历史上规模最大、范围最广、时间最长、影响最为深远的农民革命。水族人民在《潘新简之歌》中赞美道："杉木树／砍倒主干，老桩兜／还发嫩芽。水家人／倒了阿简，那身板／也不散架……没见到／阿简坟墓，常见到／阿简营卡。日月落／营卡常在，简称王／世代齐夸。"

清咸丰同治年间，在太平天国革命运动的影响和推动下，潘新简领导以水族人民为主体，有布依族、苗族、汉族参加的起义军，展开了轰轰烈烈的起义斗争。这次革命是太平天国革命运动时期，贵州各族人民起义的一个重要组成部分。起义斗争活动范围广及荔波、三脚屯、都匀、独山、都江、榕江、丹寨、下江，及广西的南丹、思恩等地，主要控制了荔波16个里，蓄发参加起义者达4万多人。起义队伍积极和太平天国部队以及上江（都江）罗光明起义军和下河（清水江）潘老帽、潘阿六领导的苗民起义军取得联系，配合作战，相互支持，17次攻打荔波县城，6次攻破县城，先后消灭清反动官吏数百名和清兵、团练万余人。

在起义的整个过程中，潘新简矢志不移，积极组织和领导群众开展革命。同治八年（1869），清政府调集黔桂两省兵力围剿起义根据地九阡里，义军势孤失败，潘新简撤往下江被叛徒出卖而被俘，同年八月中英勇就义于桂林。潘新简就义之后，其余部又坚持斗争3年，共持续18年之久。

水族三杰

潘一志、韦绍乔、潘家相被誉为民国"水族三杰"。他们都是土生土长的水族人，自幼受水族传统文化熏陶，同时又接受汉文化教育，青年时代外出求学，对人生和世界有着深切的体会；此后，他们返回乡里，或著书立说，或教书育人，影响着后辈。他们的人文素养和文化积淀构建了属于他们独特的个人感悟和家国情怀，他们的探索和思考代表着当时水族地区的文明和进步。

水族著名文化学者、史学家潘一志

潘一志（1899—1977），原名益智，字若愚，贵州三都县三洞乡（今属中和镇）梅山人。水族著名文化学者、诗人、方志学家、水家史学研究奠基人，三都水族自治县首任第一副县长、政协黔南州前驻会副主席、第四届全国政协委员。潘一志出生于水族书香门第。他三度从军，数度从政，多次从教。由于性情耿直，为人正派，在国民党统治时期，宁可洁身自好，不愿随波逐流，数次逃官辞官，隐居躬耕避世。

当中华人民共和国建立，荔波县人民政府县长杜介厘邀请他为新政权服务时，他欣然应允，并将名字"益智"改为"一志"，以示自己找到光明与希望，立志一心一意为新中国服务的情怀。潘一志费尽心血搜集编写40余万字的《水族社会历史资料稿》，为水族人民留下了宝贵的人格精神财富和珍贵的文化历史资料。另外有《潘一志诗词稿》传世。

韦绍乔（1900—1951），学名廷楠，三都县三洞乡良村人。韦绍乔从贵州省模范中学毕业后，回乡任教，创办了三洞中学。学校建成后，因韦绍乔见多识广，又教学有方，吸引当时学子汇聚于此，人才涌现，名动荔波。此后，韦绍乔又在三都、独山等地执教，堪称水族地区现代教育事业的开创者。韦绍乔在文学、书法领域都有造诣，他撰写的文章、诗词、对联等在战乱年代大部分遗失，如今尚存的诗词，皆为民间传抄。在写给表兄潘一志的手书中，可见其书法丰满俊逸，饱含气韵。

潘家相（1900—1950），贵州三都县三洞乡（今属中和镇）寨罗人，都匀省立第五中学毕业后投笔从戎，抗战胜利后辞官回乡讲学，曾协助韦绍乔创办三洞学校。潘家相在《言志诗》中这样写道：“救亡胜利即辞官，育李培桃意志顽。继把杏坛图细绘，绣成艳景始心欢。”

共产主义先驱战士邓恩铭

邓恩铭原名邓恩明，字仲尧，水族，1901年出生于贵州荔波县，是中国共产党早期的著名革命活动家、工人领袖之一，是我党建党时唯一的少数民族成员及最年轻的党员。

“四十年前会上逢，南湖舟泛语从容。济南名士知多少，君与恩铭不老松。”1961年，党的一大代表、国家副主席董必武，写诗热情地赞美党的“一大”代表邓恩铭和王尽美。

1917年秋，17岁的邓恩铭辞别家乡，怀着“男儿立下钢铁志，国计民生焕然新”的伟大抱负与豪迈气概，奔赴山东济南，投奔叔父，考入济南市立第一中学读书。“五四”运动爆发后，他积极参加进步活动，成为学生自治会的领导人，主编校刊。后来结识济南第一师范学校进步学生王尽美等人，发起成立励新学会，创办《励新》半月刊，发表针砭时弊文章。不久成立济南共产主义小组，出席1921年在上海召开的中国共产党第一次全国代表大会。

邓恩铭，中国共产党一大代表，是我党建党时唯一的少数民族成员及最年轻的党员，也是水族人的骄傲

1922年，邓恩铭作为中共代表团成员出席共产国际在莫斯科召开的远东各国共产党及民族革命团体第一次代表大会。回国后，在中共第二次全国代表大会上报告共产国际大会精神。到山东淄博建立中共淄博矿区支部，到青岛后建立中共青岛支部，组织、领导胶济铁路大罢工和青岛纱厂工人罢工。

1925年，邓恩铭调任中共山东地方执行委员会书记。不久被敌逮捕，因患重病，获保外就医。1927年，邓恩铭出席中共五大，不久任中共山东省委书记。由于叛徒出卖，1928年2月被捕入狱。临刑之前，邓恩铭留下视死如归的遗诗：“卅一年华转瞬间，壮志未酬奈何天。不惜惟我身先死，后顾频频慰九泉。”1931年4月5日，邓恩铭英勇就义于济南，时年31岁，为中国革命献出宝贵的生命。

坐落在贵州黔南州荔波县的邓恩铭烈士塑像

凤凰羽毛一样美丽的地方

大部分水族人口居住在贵州南部与广西西北部一带

水族人的大本营

水族聚居的地方地处亚热带，雨水充沛，气候温暖，喀斯特岩溶地貌发育良好，到处青山绿水，风景如画，因而水族人将自己居住的地方形容为“凤凰羽毛一样美丽”。

总体来看，目前水族主要分布在贵州南部与广西西北部一带，贵州境内都柳江以及龙江上游的樟江流域是水族主要聚居区。

贵州三都水族自治县是全国唯一的水族自治县，全县总面积2400平方千米。早在距今1300多年前的唐朝贞观三年（629），三都辖地就开始设置婆览县，即今恒丰、烂土一带；都尚县，即今都江一带，属应州管辖，州治在都尚县。此后就一直是水族人聚集的地方，各朝各代均设置管辖。1942年由三合县、都江县两县分别取县名第一字合并而成三都县。中华人民共和国建立后，于1957年1月2日成立三都水族自治县。三都县是西南省区南下出海的重要通道之一，也是桂林、贵阳、昆明达樟江国家级风景名胜区旅游线路上最便捷的通道。

目前，这里聚居了全国约65%以上的水族人口，号称“水族大本营”。

荔波县是三都之外最重要的水族聚居区。1956年三都水族自治县成立前，为扩大三都县水族人口比例，进行了区划重组，将原荔波县所属的九阡、周覃、三洞、恒丰、杨拱等水族聚居地区划归三都县，即便如此，荔波县的水族人口仍占全县总人口20%强。荔波喀斯特地貌特征明显，被誉为“地球腰带上镶嵌的绿宝石”，地

今日贵州三都水族自治县（图/罗春寒）

下溶洞星罗棋布，奇峰峻岭，古树参天，水流潺潺，风景迷人，喀斯特地貌与原始森林生态环境完美统一。境内国家级茂兰自然保护区被联合国教科文组织纳入"国际人与生物圈保护区网"并被载入吉尼斯世界大全。2007年贵州荔波与重庆武隆、云南石林一起成功申报世界自然遗产名录"中国南方喀斯特"而享誉中外。

水族母亲河——都柳江

都柳江系珠江上游重要的支流之一，发源于贵州独山县，流经三都县77千米后又流经榕江县，最后由从江县进广西注入珠江。除苗族、侗族之外，沿江两岸分布着众多的水族自然村寨，特别是三都县与榕江县交界的数十千米沿江两岸，水族村寨分布更为集中，靠山吃山，靠水吃水，千百年来，甘甜的都柳江水就像母亲的乳汁一样养育着一代又一代水族人。

历史上，都柳江是贵州与外界联系的重要航运通道之一。据民国《三合县志略》记载，清朝雍正年间，都柳江航运因此繁荣兴盛一时，舟楫竞渡，百舸争流，两广海盐百货以及贵州当地山珍特产大多经过都柳江航

清代设置的都江厅旧址，位于今贵州省三都水族自治县东北都江镇（图/罗春寒）

运得以实现异地交易。这种情形一直持续到20世纪70年代中期，因广西至贵州的321国道线修通后，都柳江航运才逐渐失去昔日的辉煌。

从尧人山主峰俯视都柳江，只见江水在群山峻岭之间蜿蜒，宛如一条晶莹剔透的玉带飘落在绿色原野里，在原始森林簇拥中，在美丽的水族村寨点缀下，显得那样幽寂与从容。水族人民就是在这样的环境里生长繁衍，过着自给自足田园生活，但这种平静的生活到清朝雍正年间骤然发生改变。清雍正四年（1726），在

雍正帝的支持下，云贵总督鄂尔泰在西南少数民族地区实施大规模的“改土归流”，以“流官”取代“土官”，将少数民族地区直接纳入中央政权的统治之下。为打通都柳江航道，独山知州孙绍武于雍正七年（1729）亲领大军从三都县城顺流直下，清军凭借船坚炮利，一路征讨，势不可挡，最终打通榕江到三都的都柳江航道，在榕江设置古州厅，在三都设置都江厅（与八寨厅、台拱厅、丹江厅、清江厅并称“新疆六厅”），选派官员驻扎治理，沿岸被视为“化外生苗”的水族、苗族、侗族村寨纷纷归顺，接受中央王朝的直接统治，水族历史到了一个新的发展阶段。得意之时，孙绍武不忘在都柳江沿岸绝壁留下了“山高水清”“向来王化外，今入版图中”等题刻，这是历史见证，也是一段历史记忆。

随着时代的变迁，社会的发展，当年的战火硝烟的场景早已不复存在，只有那一江之水还在日夜不停向东奔流，滔滔不息的江水声仿佛还在向今天的人们倾诉昨天发生的一切。

1958年三都县拉揽国营林场在都柳江边建立，人们充分利用沿江两岸丰润的雨水资源，以及良好的土壤条件，在崇山峻岭之中大量连片种植数万亩速生杉木及马尾松，形成十分壮观的茫茫“百里林海”风光，与江水、村寨、梯田等一起相映成趣，犹如一幅流动巨幅画卷，构成今天小有名气的都柳江风景名胜区。

都江古城门（图/罗春寒）

新型的水族移民村（图/包晓闽）

樟江，定居贵州第一站

与都柳江一样，广西龙江也属珠江水系。龙江发源于贵州三都县，流经荔波到广西南丹、河池、环江、金城江、宜州到柳州入珠江。龙江在荔波境内被称为樟江、打狗河，是水族另一条母亲河。

有学者认为，秦汉之际水族自广东、广西迁徙进入贵州，就是经柳江入龙江，溯江而上抵达樟江流域后，再慢慢分散迁徙到都柳江上游一带的，可以说龙江（樟江）流域是水族进入贵州定居的第一站。

樟江流经植被较好的地区，河水含沙量少，流量大，落差高，水能资源比较丰富，又流经喀斯特地貌区和布依、水、苗、瑶等少数民族聚居区，风光秀丽，景色宜人，民族文化保存较好，民族风情浓郁迷人，自然风景与人文景观有机结合，具有得天独厚的开发价值。如今樟江国家级风景名胜区经过20多年精心打造，已成为贵州南部最重要的旅游目的地之一。

三都县地理特征

三都县境处于云贵高原的东南斜坡，地势自西北向东南倾斜，平均海拔在500至1000米之间。属中亚热带温润季风气候类型，特征为夏长冬短，春秋分明，夏无酷暑，冬无严寒，年平均气温18℃。境内山岭连绵，溪流交错，大小河流42条，水力资源丰富。山岭间夹着若干起伏的丘陵和平坝，在总面积中耕地占9.4%，林地占55.6%，草山占29.7%，水面占1.3%，有"九山半水半分田"之称。县境内森林资源得到较好保护，森林覆盖率50.08%，是全省十个重点林业县之一。三都县物产丰富，地下矿藏有汞、锑、金、铅、锌、铜、铁、硫磺、煤、金刚石等。

樟江是荔波县境内最大的河流，发源于县内月亮山南麓，沿途风光秀丽，景色宜人，自然风景与人文景观有机结合（图/视觉中国）

钟灵毓秀、风水应合的村落文化

水族是一个恋土如亲、安土重迁的农耕型民族

村寨选址有讲究

水族村寨多依山傍水，周围绿树翠竹环绕，房屋纵横交错，道路迂回曲折，村边寨内鱼塘随处可见。水族选择定居地很讲究风水龙脉。他们认为风水地理有阴阳之别，“活者居其阳，死者葬其阴”，所以都要选择所谓的地势开阔、风和景明的阳地作为安身立命之所。直到今天，水族地区还流传着某某家族的祖先在最初选

择寨址时，要通过比较同等体积的水孰重孰轻来确定村寨选址的说法。同等体积，哪个地方的井水更重，寨址就确定在那里。这种说法今天看来没有什么科学根据，但在水族传统观念里，水是延续生命的关键因素，水重说明水质更好，饮用这样的水源，对于家族兴旺发达至关重要。

水族是一个恋土如亲、安土重迁的农耕型民族。定居之地一旦选定，除非遇到天灾人祸，否则不轻易搬迁。水族人认为祖宗选中的居住地就是一方风水宝地，一旦搬迁，就会失去原来的人寿年丰、六畜兴旺的美好生活。三都县三洞乡水根村历史上曾多次发生火灾，寨上木质房几乎被烧光，为继续居住在这块祖传宝地上，村民们宁可改用石头来建房居住也不愿离开故土。

为确保定居地的"龙脉"风水不被破坏，有的地方甚至立碑示警。黔东南州榕江县高兴水族村寨为保护当地风水宝地龙山的"龙脉"不被破坏，于清朝道光十九年(1839)九月二十三日由众寨老共同议定刻碑于龙山脚下，强调龙山风水"龙脉"关系到全寨的生存和

笼罩在秋色中的水族村寨和梯田(图/饶武军)

发展："一议封此龙山周围上下，不准进葬，亦不许私卖于外人伤害地方，倘进葬、卖者，地方革除，送官究治。二议山坡各管各业，还有挖山种土该问主人。挖者栽树木于山主，倘有忘（妄）挖，众等革除境外。"

由于人们一直都愿意共同挤在祖先既定的村寨建房安家，人口不断增加，建房越来越多，宅基地越来越少；再加上人们建房时讲究以属相、生辰八字等决定房屋的朝向，所以许多水族村寨布局零乱，道路曲折迂回，显得拥挤不堪，成为一大特色。

因地制宜，对传统干栏式民居再创造

西南地区的许多民族，多采用干栏式建筑这样的住居形式和文化。水族自然也不例外，其民居在今天仍然保留着传统的干栏式建筑特点。

水族语言中"干栏"的"干"为"楼"的意思，"栏"则是"房"或"家"的意思，"干栏"的合称在水语中即是"楼房"之意，也可以引申为"家"或"家庭"。

农业考古表明，最初的稻作农业主要分布于江河湖海之滨的湿地地带，从事稻作农业的群体，以耕地为中心或在耕地周围就近建造最初的干栏式建筑。浙江余姚河姆渡和云南剑川海门口两处遗址表明，居水之滨的干栏式建筑先于水中（或地面凹凸不平的湿地）打下若干竖桩，竖桩之间以穿枋纵横连结，竖桩和穿枋之上再铺以横圆木或木板，取得建筑的水平面，再于水平面上建造所需的房屋。今天水族的干栏式建筑"楼上楼"就严格地延续了上述技术要点并有所发展，除临水或居水之外，亦大量运用于山区环境。

水族"楼上楼"，一般分上下两部分，上面是住屋，而下面只是上层住屋的承重部件。在建造下面部分时，不需要开挖、填土和平整建筑的地基，人们直接在凹凸不平的地面上栽下若干粗柱竖桩，竖桩之间保持左右平行和前后对齐，根据地面凹凸程度的不

水族干栏式建筑（图/潘政波）
水族房屋是典型的干栏式建筑。下层饲养猪、牛、马、鸡、鸭等家畜家禽，并放置犁、耙、谷桶等农具什物，有的也把厨房设在这一层。上层是起居室，正厅堂屋为客厅，两侧各有两间卧室。正厅大门外屋檐下是长廊，长廊外多搭建有晒台，是日常晾晒农作物的地方

干栏式建筑的屋架（图/梁卫民）
屋架以柱、瓜（短柱）和穿枋连接组成。柱是传递上部荷载到柱基的主要杆件；瓜主要是满足柱件檩条支点而设立，同时还起控制横向位移的作用；穿枋是承载楼板和屋面的简支梁和连续梁

同以及与建筑水平面的高低不一，竖桩有长有短，柱脚用块石抵稳，以增加垂直的重力承重，柱身凿有榫眼，用穿枋纵横连结，使每根竖桩互为作用力，并稳固整体的承重力，每排竖桩砥柱上端扣架一根粗大的原木作为横梁，梁与梁之间平行铺设垫木（俗称“楼枕”），枕上铺着宽大的厚木板，形成平整的基础建筑平面。上部的住屋多为二至三层建筑。

整座建筑为穿斗式结构，柱与柱之间用穿枋连结成网络骨架，上层屋架每根立柱的柱脚用鱼尾式扣枋作斗角衔接，牢牢固定每根柱子的方位，使上层建筑的重力通过横向牵拉，平均作用于下层部件的水平基面上，确保建筑座姿的稳定性。屋顶用檩子卡住各排柱头和瓜头，部件之间以齿榫铆紧，使整座建筑形成整体性，增强建筑的稳固性。水族人在脱离临水或居水环境向山地环境延伸建造之后，由于建屋地址受到地形因素诸如附岩、跨沟、倚台、骑包（土丘）等制约，有的采取了架空和悬挑处理，形成上大下小、“占天不占地”的建筑样式；有的建筑则采取断层处理，形成“天平地不平”的建筑剖面；有的更采取叠落和错层处理，形成“天地均不平”的建筑剖面。

择吉上梁（图/韦毓祥）
修房造屋是人生大事，而上梁则是大事中的头等大事。上梁的时辰要经过水书先生对照水书条目认真推算。据说如果时辰选择不好，后患无穷，轻者将来子孙不孝，重者断子绝孙。上梁之日，全村人都来帮忙，时辰一到，整个工地上鞭炮齐鸣，人声鼎沸，犹如过节一般。大梁安装稳妥之后，主人要杀猪大宴宾朋，以示答谢。房屋建成之后，还要举行乔迁喜宴。这种祝贺新房落成的仪礼俗称“烧锅底”。届时，亲朋好友纷至沓来，有的送酒，有的送米，有的甚至送礼金以表示祝贺。主人家更是大摆酒席款待众人。如果家族大，亲戚多，酒席要摆上数十桌甚至上百桌，场面十分热闹

在贵州的干栏式民居中，水族拥有的建筑形制最为丰富，“楼上楼”只是水族众多干栏式建筑的一种，充分显示了建筑与当地气候、环境、材料等的密切关系，这也是水族干栏式建筑文化在继承和发扬古百越民族干栏式建筑文化基础上的再发明和再创造。

人粮分离，防火防盗

水族民居讲究住屋与粮仓有效间隔，以达到最大限度的防火效果，是水族社会对粮食收获物管理的重要手段。粮仓多选择在村寨边缘且秋冬季节仍有较大水源的地方集中兴建，以利于防火。大约在清末至民国年间，由于社会动荡和民风不古，多数地方将粮仓设于住屋的二楼或三楼内，以利于防盗。

在都柳江中下游和月亮山腹地的水族地区，人们至今仍保持这种住屋与粮仓分离的建筑传统。人们会选择村寨旁边的水沟溪流边或水井周边，集中修建单体式的粮仓。这种粮仓可以一家单独修建一个，或父子、兄弟几家合建一个层数为2层或多间数的较大粮仓，或左右分隔，或上下分层，各家分仓存粮，各自管理自己的收获物。

这样的粮仓多数是8柱或12柱落脚，在距地面2米左右方铺设木板建仓，底层空敞，在每根柱子的中部镶以一整块阻隔木板或陶坛，以达到防鼠进仓之目的。有的人家则选择将粮仓建筑在住房旁边的鱼塘水面之上，即防火也防鼠。

在收获谷物时，大多不须进行晾晒，直接将稻谷堆放于粮仓中，每隔三五日，对谷堆进行一次翻秒，直到稻谷水分蒸发干净，谷堆不再发热时才停止。在一些仍盛行大量种植摘糯的地方，人们往往于粮仓附近另建一个禾晾，收获的禾把、小米把、高粱把及花生等通通悬挂于禾晾上自然晾晒，待晒干之后再收入粮仓中储藏。

建在水上的粮仓，防火防盗也防鼠，充分体现了水族人民的智慧(图/饶武军)

每逢重大节日或事件，全村人都集体行动，分工有序（图/罗春寒）

聚族而居，同宗共祖

水族的村落结构大体可分为同姓村落和异姓杂居村落两种类型。其中同姓村落是水族村落结构中最普遍、最常见的村落结构形式。

在水族地区，同姓村落实际上就是具有血缘关系的同一家族的代名词。水族的同姓村落许多都来源于同一氏族部落，都有共同的祖先（族长或寨老）。这在水族众多的民间传说中都有印证。为怀念祖先披荆斩棘、开基立业、创建家园的功绩，水族村落的名称中有不少是以族长的名字命名的。如三都县三洞乡的上三洞，水话叫geng（与“干”音相近）；下三洞，水话叫yang（与“养”音近）；坝街乡的燕寨，水话叫yan（与“燕”音近）。据说yan、yang、geng是三兄弟，长兄住燕寨，二弟住下三洞，三弟住上三洞，他们的名字就是村寨名。现在住在这三个村寨的一千多户潘姓，都是他们的后裔。

直到21世纪的今天，在水族村落社会习俗中，人们仍然普遍存在着尊崇长者的习惯，特别是那些年龄大、辈分高又有办事能力的人更是备受本家族人的尊敬。这是长期以来形成的尊重族长或寨老习俗的延续。族长或寨老就是整个村寨的代表，享有崇高的威望，如有重大事项需要处理，人们要听从族长或寨老的意见，不得自行其是，轻举妄动，否则要受到“榔约”制裁。

以“家传”为主题的村落文化现象

一族一姓一寨的梅山村

梅山村是贵州三都县三洞乡的一个水族自然村寨。梅山村，原名板教或梅教。相传是由广西北迁定居贵州之潘姓鼻祖潘必旺的21代孙潘教的拓荒地。可能在明万历年间，潘教只身进入深山密林寻地开荒，当他走到现今的梅山腹地时，抬头一望，南面三座紧连的大山恰似一只飞翔的凤凰鸟，凤凰水语叫“诺棉”，是大吉大祥之神鸟，懂水书识地理的潘教兴奋极了，认为这里天天能看到诺棉鸟，子孙必定发达，于是他决定在此垦荒栖身。按照家族的规定，潘教便拥有了此山此水此树，艰苦创业，开出无数的田地。其父潘所，其兄乃、流，弟劳等相继搬来与教一道居住，小山寨便形成了。由于潘教的功劳最大，水语称村寨为“板”（音译），寨子就定名“板教”；树在水语里音为“梅”，数十个坡的大树都是潘教的，村子又叫梅教。

梅山经四百多年的风雨，如今环境优美，人丁兴旺，沃土良田和苍松翠竹拱卫着干栏式木楼，参天的巨枫和古柏将寨门遮掩得严严实实。

明清两代，随着“改土归流”的

古寨巴茅（图/罗春寒）

巴茅坐落于三都县境内，距县城6千米，是一座始建于清朝的水族自然村寨。78户人家的巴茅古寨依山而建，木楼鳞次栉比，一气连横。至今寨中依然保持着写水书、说水语、着水衣的古朴民风，是水族文化的一个重要缩影

逐步深人，汉文化逐渐渗透到水族地区，宽余的家庭开始请汉人教学，让子弟习汉字、汉文。外请的汉人私塾先生由于语言和生活习惯的不和谐，对水族子弟的学习反倒造成了某种阻碍。在这种情况下，水族自家办学便应运而生。晚清秀才潘文秀和其子潘树勋在梅山办起的青年私塾学馆，总共办学60余年，培养了无数的弟子。这对水族社会的进步，无疑是一个巨大的贡献。

梅山人学习、研究、传播汉文化，自愿接纳汉文化，以其来改造自身的文化构架，并由此产生运用汉文化全面研究水族的水家学研究先导。水族文化与汉文化和平结合，孕育了闻名西南的梅山文化。

恪守伦常、家族凝聚的水昂村

水昂村，是三都县扬拱乡南面的一个行政村，距扬拱乡政府3千米，距三都县城72千米，村境方圆11. 5平方千米，水昂村是由同一姓氏（石姓）、同一血缘、同一始祖的三个支系家族组成的同一地缘的行政村。

关于水昂村的历史，由于没有文字记载，石姓家族到底具体在什么年代最先到这里拓荒垦殖建立村落已无可稽考。但据田野调查，水昂村墓葬从清乾隆、道光年代以来有文字记载的碑文已经很普遍，石姓墓葬碑文上的辈序有条不紊。这说明该村石姓家族起码是从康熙年代就开始在此地定居，血统人伦辈分序列不仅是严谨的，而且也是很稳定的。

对“根”的依恋是水昂村家族意识的特点。凡是在石姓始祖石永念脉下的任何一个支系，不管什么时代，只要按照石姓家族辈谱认定他自己辈分角色，都被认同为家族成员，予以接纳。

水昂村家族文化的第二个特点是集体忌荤吃素，每逢家族中有老人去世，在其未落土下葬之前，村寨中的儿孙集体忌吃动物的肉和油（如猪、牛、马等），以表示对死者的哀丧和吊念，也是“孝”的表达方式。这种忌荤吃素集体没有外显的符号标志，只靠老人向年轻人传授，也靠青年一代的自觉遵守，不是强人所为，而是群体人格的信仰。

水昂村落家族文化的第三个特点就是在家族内部确定严格的字辈制度。石姓家族的始祖制定了“永正春儒仕，宗昭道有之，锦文昌国本，鸿聚玉林池”20个字辈，几百年来都按这套字辈命名，一丝不苟。不管在什么地方，不管漂泊多远，只要列入宗谱，按辈分取名，不管原来认识与否，石姓家族成员只要互通一下姓名，即彼此知道各自在家族秩序中的角色，就很快互相认同，增强了亲密感。辈分是血缘关系的阶梯，是一部生生不息、历经世事沧桑的鲜活生命史。

这种系统的基本特性包含着整体性、相关性、动态性、有序性和目的性。

水昂村落家族文化结构系统性的内在关联，产生了各项不可替代的功能。

撰稿专家

罗春寒，水族，文学（民族文化）博士，历史学博士后，贵州省黔东南民族职业技术学院教授。著有《水族风俗志》《水族民俗》《水族史话》《水书抢救浅及存在问题浅议》等。

石国义，水族，贵州省三都水族自治县民族研究所研究员。编著有《水族村落家族文化》，参与编写《水族简史》《民族文化地方概况》，参与完成省部级科研课题《水书文化研究》《中国水族文化研究》《水族民俗探幽》和《水族医药》等。

《水族村落家族文化》

扫描二维码，
阅读专家代表著作的电子版

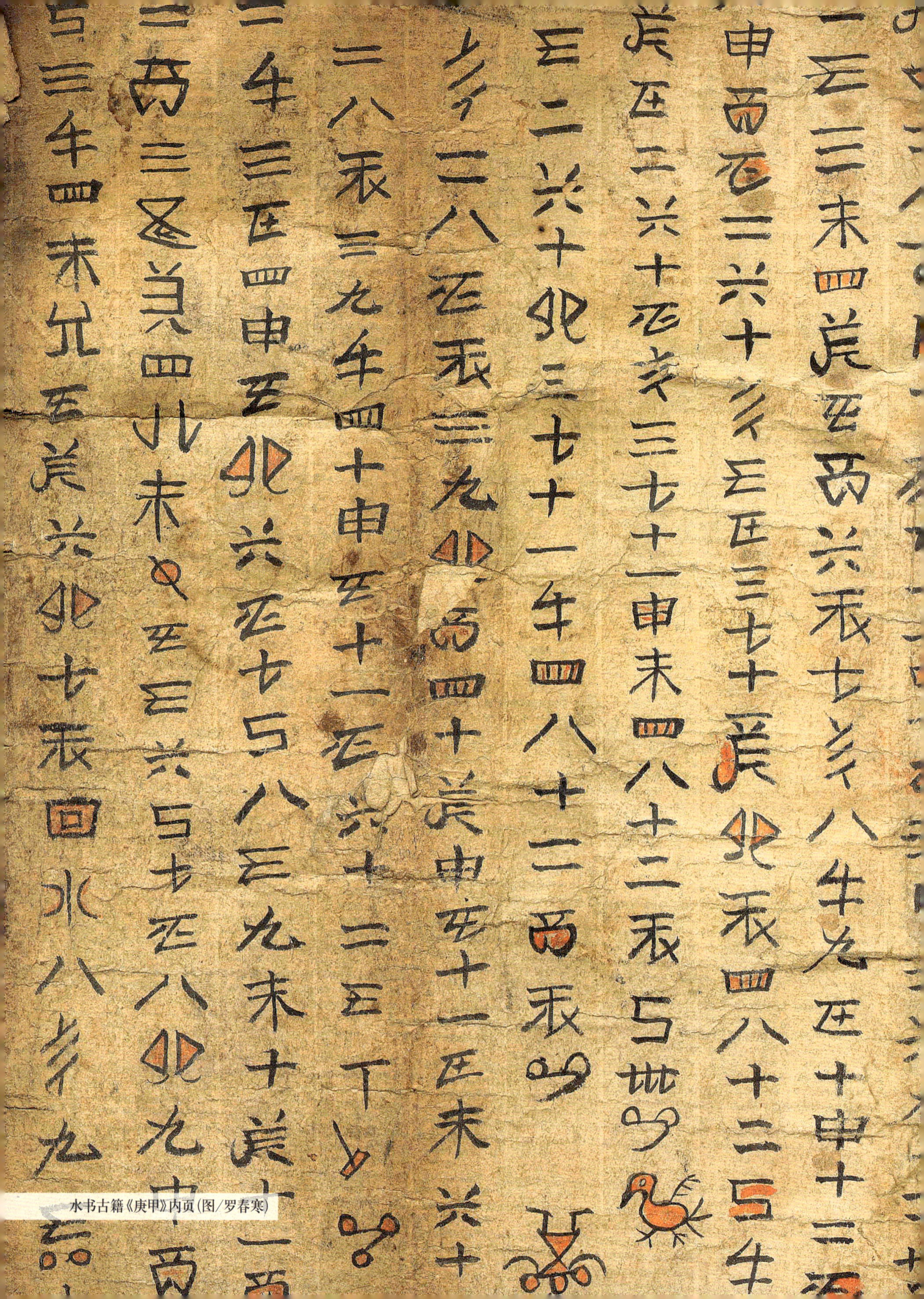

水书古籍《庚甲》内页（图/罗春寒）

第2章

象形文字活化石　鸟迹虫纹话水书

文字与语言

本章主撰稿人：贵州民族大学教授　韦宗林

贵州省黔东南民族职业技术学院教授　罗春寒

中国社会科学院副研究员　韦学纯

水族的古老文字称为水书，水语称为“泐睢”，汉语称为“水字”“水文”，是勤劳智慧的水族先民在长期的生产生活实践中总结创造的一种独特文字，类似于甲骨文和金文的古老文字符号。目前仍在水族民间普遍使用，故被称为象形文字的“活化石”。

水书有广义和狭义之分。广义的水书是指水族文字（即水字）及典籍总称，狭义的水书是指以水族文字记录和叙述的碑刻、书本、文章、历书等。

就像古老的甲骨文一样，水书仅作为原始宗教、天象历法，以及民俗、伦理、哲学等文化信息记录和总结的载体，并不在日常交流中使用。水族民间的各种习俗、活动、仪式都依据水书的条纲要义进行，但大量的祝词咒语及祭祀礼仪等全靠水书先生口传心授。

水书记载了水族古代天文、地理、民俗、伦理、哲学、美学、法学、宗教等文化信息，是解读水族悠远历史的重要典籍，亦是破解、研究和传承水族社会历史文化的重要密码。

2002年3月，水书纳入首批中国档案文献遗产名录。2006年5月20日，水书习俗经国务院批准列入第一批国家级非物质文化遗产名录。

水族有自己的民族语言，水语属汉藏语系壮侗语族（也称侗台语）侗水语支。近年来，随着社会经济的发展，学校文化教育事业的迅速普及和不断提高，水族地方兼通汉语或其他民族语言的人越来越多；尽管如此，在三都、荔波、独山等县广大的水族地区，水语仍是本民族间主要的交际工具。

水族社会的精神支柱

水书是水族文字及典籍的总称，是水族之魂

水族人的生活离不开水书

世界上很多民族都有自己独特的文字，用以承载数千年的文明历史。水族把自己文字称为“泐睢”，“泐”即为“勒”，在古汉语里有“刻写”之意，所以“泐睢”直译就是刻写或书写水族文字的意思。

在水族社会，水书可以说是人民的精神支柱。毫不夸张地说，水族人对水书的尊崇达到了膜拜的程度。在水族人眼里，水书是神圣不可亵渎的。婚丧嫁娶、修房造屋、节庆祭祀、经商求学等活动中须臾离不开水书，水书因此成为规范水族人行为的准则，人们对水书深信不疑，不敢轻易冒犯。

在水族民间传说中，历史上有关水书被外族人毁坏、禁止使用等事例很多，但水书却能够顽强地传承下来，说明水书在水族人心目中所处地位之重要，更显现

拉下水书碑面拓片复制图 （图/韦宗林）

发掘的水书典籍（图/韦宗林）

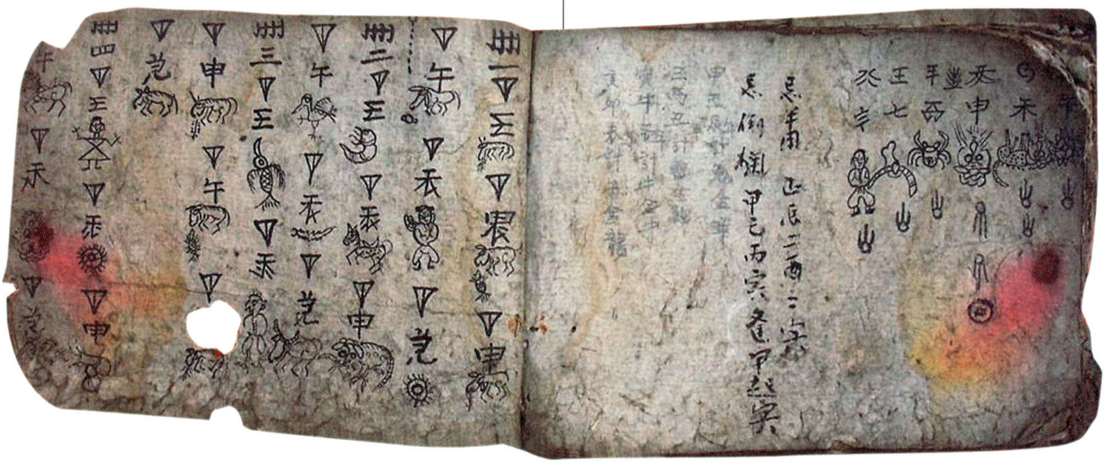

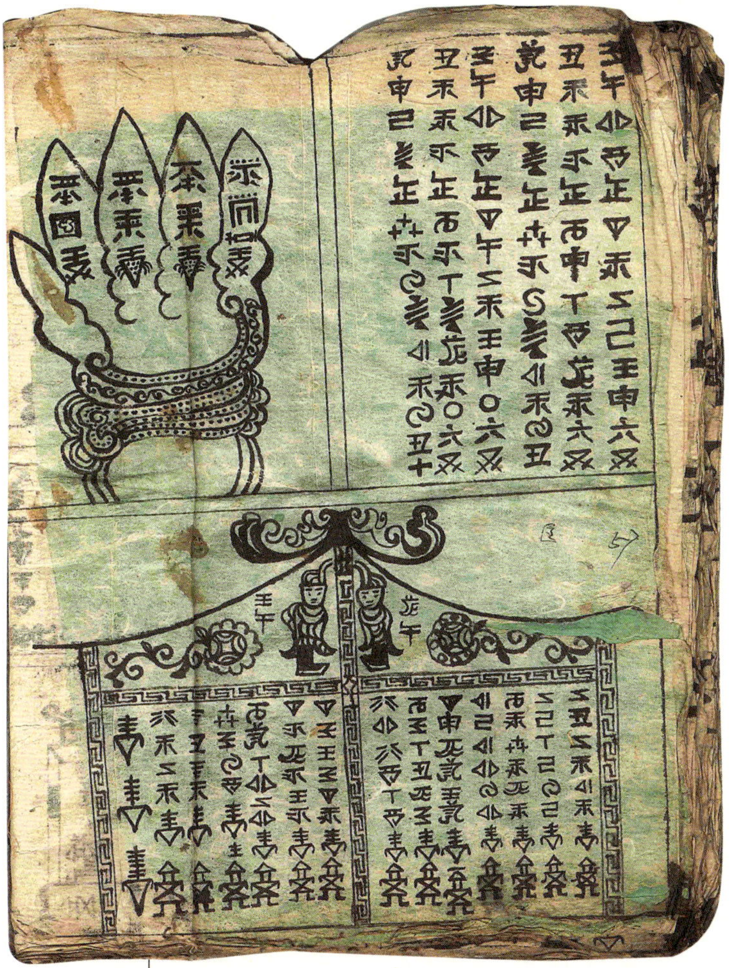

列入第一批国家珍贵古籍名录的水书《金银》，荔波县档案馆藏（图/潘朝霖）

水书是水族人当之无愧的精神支柱。依据人类学功能学派理论，水书作为一种文化现象，之所以能够在水族社会长久生存延续，最关键的原因是水书对水族来说有实用性功能，换言之，水族社会需要水书，水书因此能够长久存在。

学习水书要举行庄重严肃的拜师仪式，其中拜祭水书始祖是必不可少的内容。除此之外，抄写的水书也要悉心珍藏保管，轻易不能示人。

造字鼻祖“公六铎”

关于水族文字的起源，水族有自己一套神奇的传说故事，把“公六铎”视为造字和文化始祖。“公六铎”水语是“六个公公（爷爷）”的意思，也写作“六铎公”“陆铎公”“陆铎拱”等。

公六铎造字的传说别有趣味。他在燕子洞里与燕子对话，燕子告诉他天地人间的各种玄机，他按燕子说话的声音和口形用符号记录了下来。天地山川、虫鱼鸟兽，尽列其中，尤其能够描摹神灵的行踪与去向，所以水书能预测天地人间各种吉或凶的兆象。

相传公六铎花了6年时间创制文字。起初，水族文字“多得成箱成垛，堆满一屋子”。后来因他利用水族文字为一个小孩推算出与其神母见面的日子和方法，惊动了天皇。天皇认为，水族文字太厉害了，怕人们掌握后难以对付。于是，就派天将用装着火药的小葫芦骗取小孩的欢心，结果小葫芦里的火烧了装着水族文字的房子，只剩下压在砚台下的几百个字。公六铎生怕再遭天皇算计，此后全凭记忆把文字装在脑子里，谁也偷不走。因此，水族文字只剩下全靠口传心记的几百个字了。

众所周知，文字的产生有一个渐进的历史演变过程，它并非一人的独创，而是多数人创造的文化成果。如同其他民族一样，水族文字的创造集中了多人智慧，体现了集体创作的鲜明特点。如前所说，水语里的“公六铎”，其汉语的意思是“六个爷爷或六个公公”，或者是“水族的六个祖先”。简言之，“公六铎”并非特指一个人而是六个人的意思，因此可以表示水族文字是集体智慧的结果。水族民歌《陆铎、陆甲造水书》也侧面证明了这一点。

甘桑字符（图/罗春寒）

2011年11月，在广西平果县马头镇甘桑社区，民族工作者意外发现当地农民在耕作时采集到的数十片刻有字符的石片、陶片，引起学者们的高度重视。这些称之为“甘桑石刻字符”实物，累计有1000余个字符。经过专家学者研讨，部分学者认为与广西壮族过去存在的土俗字有关；一些水族学者则认为，此字符与水书高度相似，并乐观地认为这是水书实物出土的重要物证之一

在长期的生产劳动和社会活动中，水族人民对公六铎的供奉和崇敬几乎到了顶礼膜拜的程度。他既是水族文字和水书典籍的创造者，又是先进文化和先进思想的杰出代表；既是水族社会现实生活中活生生的人，也是水族人共同虚拟的神。正如汉民族文化中开天辟地的盘古、西方文化中建方舟的诺亚一样，公六铎是水族人民最为崇敬的救世主，他可以上天揽月，也可以入地抓鬼，在水族社会中是神圣不可侵犯的。

从古至今，公六铎在水族社会中都享有崇高地位。水族举行祭祀活动时，通常要摆放六副碗筷，其意就是让六个公公一起享用。在水族地区，公六铎的故事家喻户晓。他丰富的想象力与杰出的创造力，给水族人民留下了丰富宝贵的文化遗产，至今水族地区仍然传唱很多关于公六铎的动听歌曲。

水族文字到底有多少个字？

1986年出版的《水族简史》称有400多个字，《中国水族文化研究》称有500多个字。而专家在查阅的2000余卷水书中发现异体字主要集中在十二地支、春夏秋冬、天干、九星等单字上，例如，目前发现“寅、卯”等字的异体字已各有30多个。对于水族文字的异体字，保守地推测，如果每个水族文字单字至少有1个异体字计算，那么总量约有2500个，目前能释读的仅三分之一左右。

水族文字的起源

从如今看到的“古本水书”观察，再从水族其他文化现象分析，多数专家认为，水族文字与甲骨文、金文有联系。具体来说，与殷商时期文化联系可能性最大。

20世纪40年代，因为抗战爆发，随上海大夏大学等高校西迁到贵州的著名学者吴泽霖、张为纲、岑家梧、陈国均等有机会深入少数民族地区做田野调查，他们在水族地区意外发现深藏民间的神秘水书。

岑家梧（1912—1966），广东澄迈县人，社会学家、历史学家、民族学家，历任南开大学、大夏大学、中山大学、岭南大学教授，中南民族学院副院长。他与费孝通齐名，有“南岑北费”之称。岑家梧在《水书与水家来源》一文中认为，从水书构造形式和内容看，水书与商代甲骨文有密切的联系。“水书字迹与刀刻的甲骨文及金文颇多类似……至少水书与古代殷人甲骨文字之间，当有若干姻缘关系……水书为一种巫术用书；水书的制造的时代极为古远；水书制造的地点初在西北一带；水书由北方次第传入江西；水书初传入江西水家后，水家由江西迁入黔省，乃携之俱来；水书是一种被压迫民族的文字。”

张为纲在《水家来源试探》也认为水书与甲骨文有关联。他说：“今日之水书，已失却文字功用，转而为咒术之工具。然细考其字形，竟有与武丁时期之甲骨文极为近似者。”且在尚鬼方面与殷商文化也有共同之处，“今水家之所以‘鬼名’繁多，所以尊崇巫师，所以有为咒术用之‘反书’，皆可为殷代文化遗留之铁证。”“今之水家，盖即殷之遗民无疑。”

近年来，随着水书研究深入进行，一些水族学者大胆提出水族起源于中原河南睢水流域的论断。他们秉承老一辈学者观点，并加以补充论证，以此重构水族起源史。他们认为水族先民原是殷商王朝掌握文字的“祭师”，殷商灭亡后，这一掌握文字的族群走上漫漫迁徙逃亡之路，先是过黄河、跨长江来到岭南，与当地百越族群融合，后为逃避秦始皇大军征讨才向西北迁徙到现今居住地。其理由主要是：水族自称“sui”（音译“睢”），根据古人有以祖居地名自命族名的习惯推断，水族最早应起源于殷商时代的河南睢县、睢水流域。在民间信仰方面，水族民间盛行尚鬼习俗，且有关鬼的名称多达数百个，与殷人尚鬼的占卜文化相吻合。此外，水语中保留不少古汉语词汇，也说明历史上水族与汉文化交流密切。鉴于水书中一些符号与甲骨文相近，甚至有人称水族文字起源于夏代，这还有待于进一步研究。

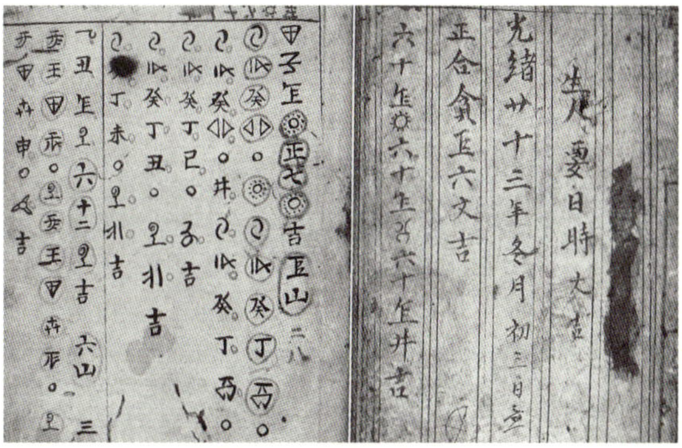

水书《泐金·纪日卷》（图/罗春寒）
明代抄本，这是目前发现的最早水书实物，列入第一批国家珍贵古籍名录，荔波县档案馆藏

清代学者莫友芝对水族文字的记录

甲骨文出土于1899年，而在1860年，清代贵州著名学者莫友芝（1811—1871），就对水书有接触，并有诗及注。其诗为：“叔重古文换秦篆，十不存一苦斠铨。稍从乘马究虞寽，水书竹历参摩研。”其注为：“吾独山土著有水家一种，其师师相传，有医、历二书，云自三代，舍弟祥芝曾录得其《六十纳音》一篇。甲子、乙丑金作，丙寅、丁卯火作，戊辰、己巳木作。且云其初本皆从竹简过录，其声读迥与今异，而多合古音，核其字画，疑斯籀前最简古文也。”

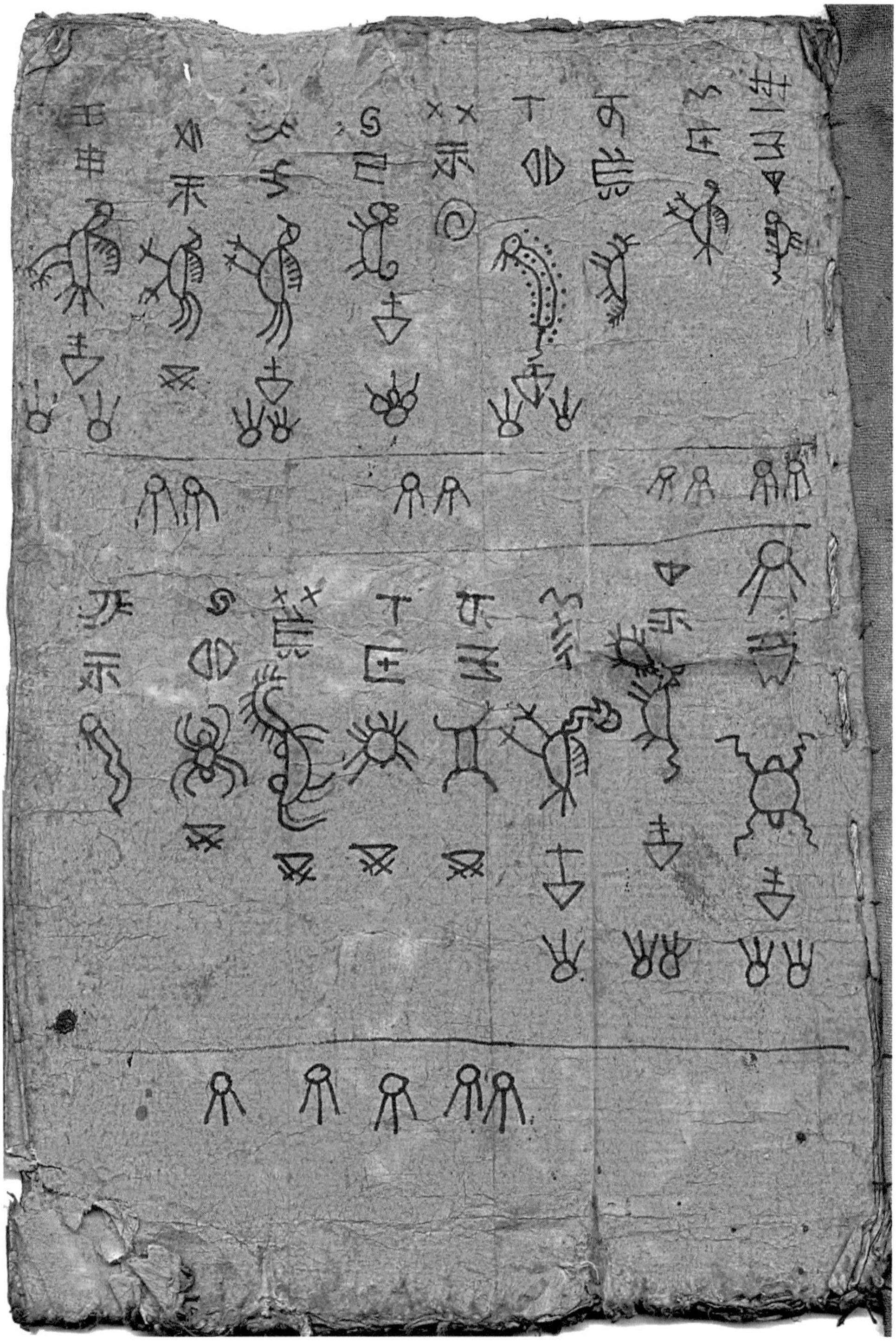

水书《生人要日时大吉卷》(图/韦宗林)

此卷封面标有“光绪廿三年冬月初三日立”字样。光绪二十三年是公元1897年，比甲骨文出土还早两年。书中一些文字虽然还有弧圆笔画，不属于楷书笔画，但其他笔画已经有楷书特点。与“今文水书”相较，这些文字则显得更古朴，当然时间更久远，也就更有研究价值但是，也有人认为，水族文字是仿造甲骨文和金文创制的文字。其实，早在1899年甲骨文出土前，水族人就一直使用水书及水族文字了。甲骨文之父王懿荣先生于1899年发现甲骨文，而水族地区的水文字碑，明代的已发现两块，并发现明代弘治年间水书木刻本。由此看出，绝非甲骨文发现之后才有水书问世。这些水族文字被称为“古本水书”。在甲骨文出土前后的时间段里，水书典籍中已经出现很多楷书笔画入字，这种水族文字被称为“今文水书”。除此之外，现在还可以看到大量在清代形成的水书。

这些水书典籍及文字，在现今的水族社会里，水书先生一直没有停止使用。因此，它们被称为“活着的古文字”。

水书先生杨胜凡（图/视觉中国）

杨胜凡出生于1919年，贵州黔南州三都水族自治县中和镇西洋村人，他是目前中国年纪最大的水书先生，也是贵州三都县唯一一位国家级非物质文化遗产“水书习俗”的传承人。杨胜凡老人小时候读过私塾，他家中的60多本水书手抄卷本大多是其亲手抄录。杨胜凡有一定的汉文化水平，字迹清秀、稳健、工整，容易辨认。目前大多数水族人会说水语，却看不懂水书。三都县的水书先生目前已经不足300人，60岁以上的水书先生占90%以上

能与鬼神对话的人——水书先生

水书先生是指那些能看懂水书的人，又被称为“鬼师”或“师人”，以“先生”冠之，表明了对他们的尊敬。

水族人民丧葬、祭祀、婚嫁、营建、出行、占卜、生产，均由水书先生从水书中查找出依据，然后严格按照其制约行事，并由此形成水书习俗。水书文本不能独立表达，而要依靠水书先生据水书所载相关条目、结合口传内容做出解释才能具有意义。每位水书先生的头脑，就是一座水族文化知识的“活宝库”。

水书是靠一代又一代的水书先生通过口传、手抄的形式流传下来的，它是水族古文字抄本和口传心授文化传承的结合。水书先生与水书的结合是传承水族传统文化的重要前提。

只传男不传女

文化是人类物质文明和精神文明的总和，是人类智慧的结晶，具有教育和传承功能。它既是民族哲学思想的表现形式，同时也是一个民族文明与进步的象征。从某种意义上说，它还是一种权力化身。

水书作为一种文化，历经数千年的沧桑，至今仍然沿用，实属不易。可以想见，它作为文明的一种交流和传播工具，历尽了多少磨难。它能够流传至今，自然涉及到它的保护与传承问题。

毋庸讳言，当人类社会进入父系时代之后，文化这一文明和进步的精神产品自然会不自觉地被男性所拥有。在旧时代水族社会生活中，重男轻女现象尤其普遍。由于水书文化在传承文明过程中的重要，学习水书自然就成为水族男性特权。可以想见，旧时代了解和掌握文化的水族妇女几乎寥寥。在迄今为止的水族地区，还未见女性诠释和运用水书的先例。

从水族文字的造字结构看，男性书写为“巾”，中间加上的一条竖线是力量的象征；“∩”是女性的写法，没有象征力量的“竖线”贯穿，表明女性是缺少力量的弱小群体。这种观念常见于父权社会，伴随着男尊女卑的观念。无论水族还是其他民族，或多或少都有这些偏见。

（文/周崇启）

神奇而有规律的造字法

水族文字作为一种独立的文字系统，有着自己的造字规律

对时间概念的形象诠释

时　水族文字中“时间”的“时”字，大部分写作“ ”。在古本水书中有时写作“ ”或“ ”。

此字的形成过程如下：

“|”为标杆，“/”为太阳光下的影子，对影子长短标点为记号，表示不同的时间。这是水族先民对时间概念的写征。为书写方便，倒写或侧写的变异性书写是文字早期的特征。后来再加上“十”为音符，成为今天看到最多的“ ”字，象形、会意、形声兼而有之。

水族文字与汉字对“时”字的理解，都是与太阳运动产生的结果相关。水族文字只标影子，让人想到太阳；汉字只标太阳，让人想到影子，异曲同工，各有特点。

年　水族文字写作“ ”或“ ”。第二个字“ ”，中间多一横。这是古字中多一笔少一笔的常见现象。

365天左右是一个年的单元，这在中国各时期的历法上，没有多大差别。而一年从什么时候开始到什么时候结束，却是有差别的。公历与农历不一样。水族有自己的历法，它与公历与农历又不一样。水族一年的开始与一年的结束，其交替时间是水稻收割的季节。这正好印证了东汉许慎在《说文解字》里对“年”的解释：“年，谷熟也……谷一熟曰一年。”水族重大的年“端节”就在稻谷成熟的季节。

时间概念当然是围绕着太阳的运动及现象而引申的。再从“○”字来看水家人的时间概念。“○”为太阳，引申为一天；在表示有阳光的时候为“ ”或“ ”；太阳从地平线升起“ ”为“旦”；太阳从升起到下落“ ”为“今”；一日的一半“ ”为“半天”；相隔开的两个太阳“ ”为“隔日”，“ ”则为“隔两天”。

“ ”与“ ”是“ ( )”“时间”的简化，表示时间的开始到结束。另外，“ ”与“ ”也表示“ ”与“ ”镰刀，表示从一个收割的季节到下一个收割的季节。

中间的一竖，表示时间连接。一横，表示一个时间单元。

表示方位取向

中　汉字的“中”字，多数写作“ ”或“ ”等，这一竖上的“ ”与“ ”表示旗帜，即徽帜所立之处为“中”。水族文字的“中”字，写作“ ”。以四周指向中间，意思是四周共同所指的一点为“中”。《现代汉语词典》“中”的第一释义，是“跟四周的距离相等”，就是中心的意思。古汉字的“中”字取向，是由内到外，而水族文字对“中”的取向，是由外到内，视角的独特，也有其客观的一面。

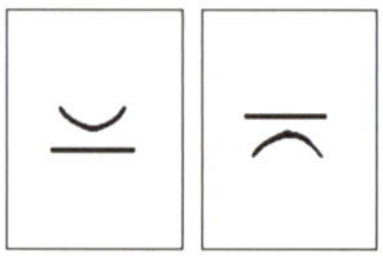

上与下　水书与甲骨文字的“ 、 （上、下）”，没有多大区别，都是指事字，只不过所指是

用短横与弧画不一而已。古人们对上下观念的认识是统一的。

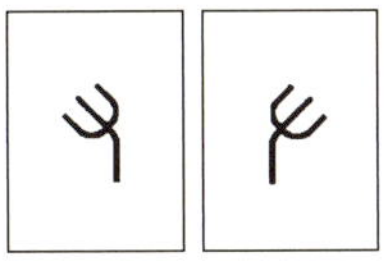

左与右　这两字与小篆文字的“、（左、右）”方向恰好相反。当然，水族文字这两字，与甲骨文所写的“、”方向也是相反的。这不能说是对古汉字的反写，而是角度不一样，指向也不一样。古汉字对这两字，好像一个人伸出来的手是环抱形的，是左手，是右手。水族文字则侧重于指向，为左面，为右面。应该都没有错，约定俗成而已。

对物象的写征

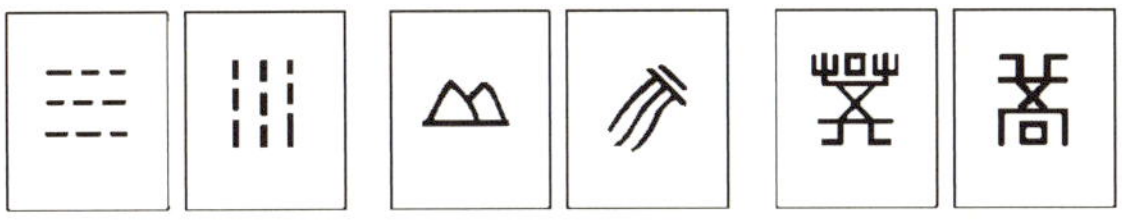

风雨、山川、人鬼　风是横着吹的，雨是从上往下的，山是凸出来的，川是有源头而来的水，都很直观。“”很像一个正面的人，在水书中，这个符号有时表示人，更多的时候却表示鬼；而“”是倒着的人，有时表示鬼，而更多的时候表示人。

这一类都属于象形文字，在可释读的水族文字中，所占的比例比较多。

水族关于时间方位的传说

在水族的古代传说中，有那么一个故事：以前，水族有一富豪人家，在一次紧急迁逃时，来不及将家中的财富随身搬走，只好选定一个地方把它们埋起来，并用水族古文字作了记录。后来这个水族文字记录不慎被人偷走。偷走的人凭着这古文字记录去寻宝，把藏宝的地方挖了个遍，仍然没有找到，只好把这个水族古文字记录还给失主。失主找来了水书先生，水书先生用一根杆子，在选定的方位一插，然后按选定的时间朝着杆子的影子方向走去，便确定了藏宝的地方。一挖，果然将财宝挖出来了。这个传说是对水族人时间与空间认识观念的文化诠释，也是水族文字的赞歌。

以事会意

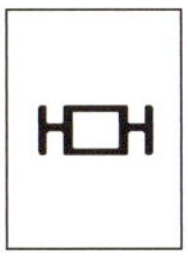

棺　引申义为“丧葬”或“丧事”。水族人去世后入棺土葬。“口”符号为棺材，两边是抬棺的杠杆。

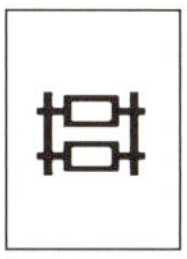

重丧　从“H口H”字而来，两个“H口H”字重叠，就表示“重丧”。哪个家族遇上重丧，那是极凶而很不吉利的事了，要尽量避开。

移棺　棺材下有脚，是能走的，表示可以移动。水族仍保持万物有灵观念，移棺也不例外。棺不是被动被移动的，而是它的灵魂可以并愿意移动。此字表示因为某种原因，需要移棺，或迁坟。

厚葬　“H口H”表示丧葬，在此符号上加“而”表示厚葬。“而”符号本义为“耙”，引申义为“丰厚”，所以其义为“厚礼安葬”。

祭　前面三字是古汉字“祭”字演变的过程。第一字手拿肉，还有滴血，杀以祭，古称“血以告杀”；第二字将肉放置祭台；第三字已经有今天“祭”字的结构了。

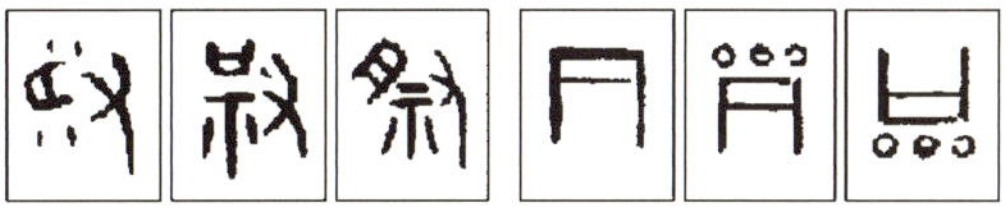

后三字是水族文字“（祭）”字形成的过程。第一个符号“冂”为祭台，在祭台上放置祭品为“”，小圆表示祭品，三者言其多。再将其倒过来，就成为我们现在水书中看到的“”字。

水族的这类文字称为象意文字，也可以称为会意字。

具有抽象意义的符号

水族文字不仅有象形文字、象意文字,还有抽象文字。

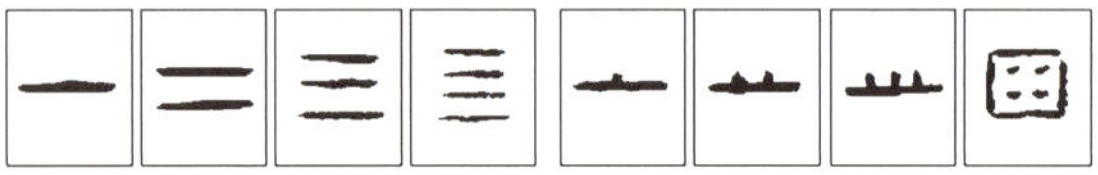

数字　前面四字是古汉字“一、二、三、四”的写法;后四字是水族文字“一、二、三、四”字的写法。递增的符号,水族文字不是加横,而是加点,好像有点结绳记事的意思。到“四”则变,是因为古时以四进位。一市斤为16两,是4×4,所以有“半斤八两”之说。

同时,水族文字还将“十一”写为“卡”,“十二”写为“卡”,这与古汉字有联系。

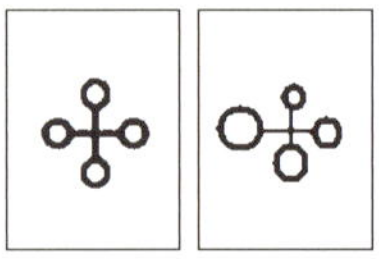

千金　这是一个抽象的符号。以前的钱币是圆形,中间的边线可能是“聚集”或“拥有”之意。

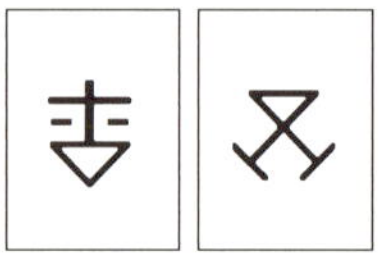

吉凶　水族文字“吉”与“凶”的书写符号,应该是一对抽象的文字符号。“吉”写作“去”,“凶”写作“ㄨ”。这两个字在《水书》里出现的频率较高,几乎每一页都会看到。这两个字,是水族自源文字,还是与古汉字有联系?有待研究。不过,水族文字中,还有一部分抽象的记号字,是靠死记硬背才能记住。

当然,水族文字里也有假借字,或者是水族文字内假借,或者是假借汉字后反写。

水族文字为什么又被称为“反书”?

在民间,有人将水族文字称为“反书”,是因为有部分文字类似汉字的反写、侧写或倒写。

上边一行字,乍一看,会觉得写得很怪,很陌生,不认识。

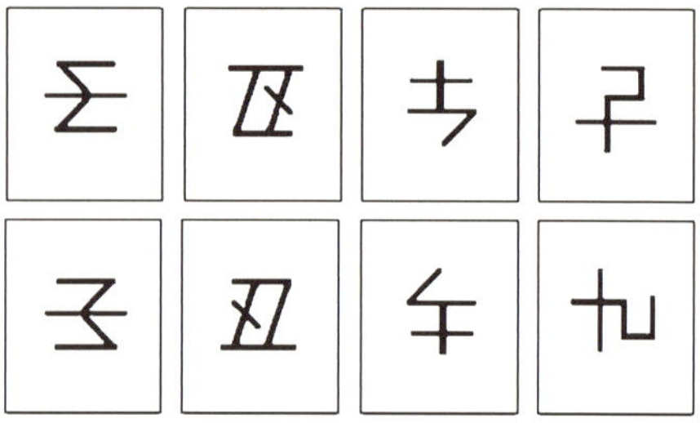

如果将它们进行一定角度的翻转(下一行字),你就会认识它们。它们是:子、丑、午、九!

这在水族文字中,仅仅是一部分,而不是全部。如果认为,将所有的汉字反过来书写,不就成水族文字了?问题远没有那么简单。

经研究,水族文字之所以会有一部分字是汉字的反写、侧写或倒写,是四个主要方面的原因所导致的:第一,是文字早期本身的异体性;第二,是以往民族对立在心理上的逆反性;第三,是《水书》崇神尚鬼功用的神秘性;第四,是文字传承过程的讹变性。

水书的创制结合了多种造字法(图/视觉中国)

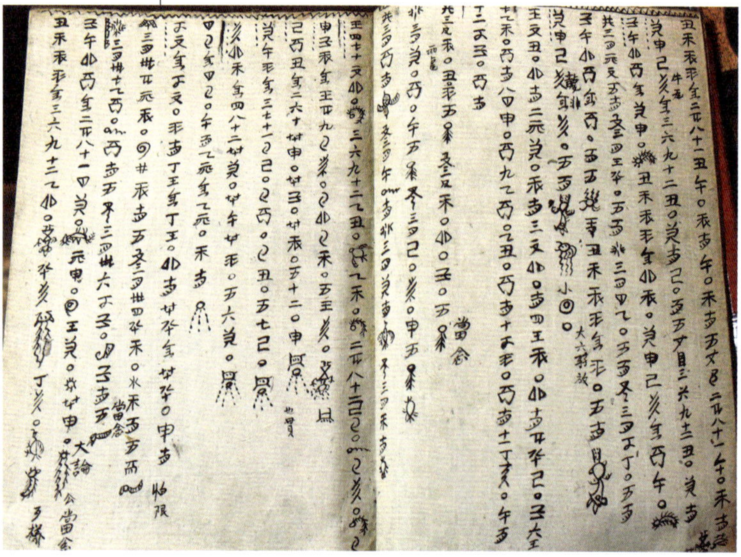

古华夏文化圈旁落的文明

水族文字中有很多古代文明的元素，与古华夏文化联系紧密

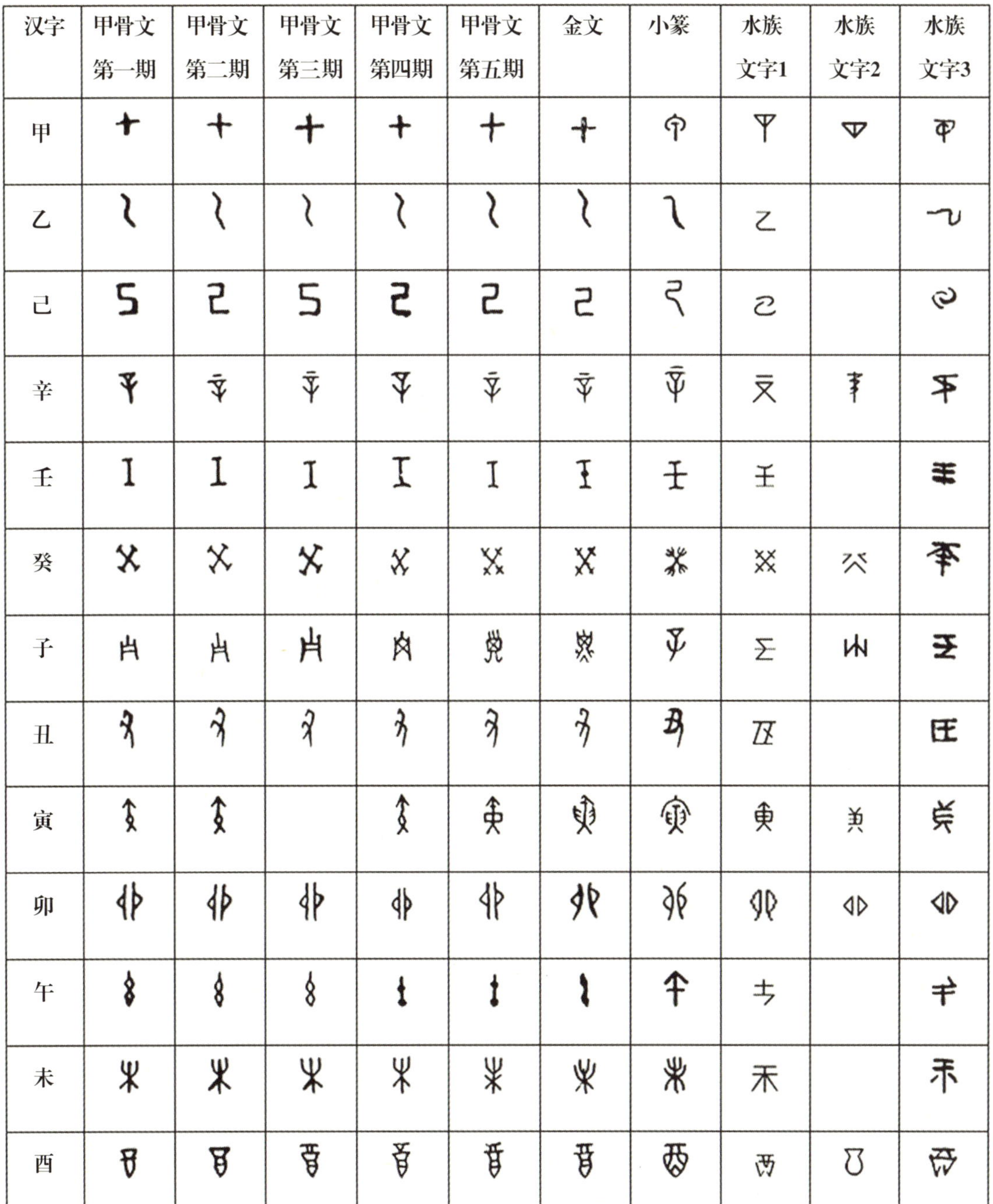

保留干支古文字的意味

天干地支，是对天文现象、天文历法和天文周期的把握与概括。其文化源远流长，在我国的殷商甲骨文中，就可看出这一文化已经很成熟。天干地支文化及文字，在水书中出现相当频繁。天干地支文字共22个，其中，部分水族文字与古汉字相似的有13个，算是半数以上了。尤其是“癸、寅、卯、酉”几字，现今汉字早就不这样书写了，水族文字仍保留古字的意味沿用至今。

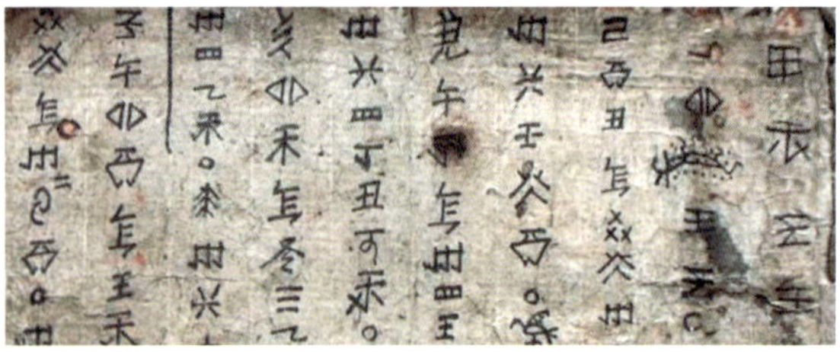

水书中的部分天干地支文字（图/韦宗林）

甲骨文的天干地支文字（图/韦宗林）

与五行古文字相似

“五行生克说”是中国古代哲学中概括宇宙万物及其相互关系的学说。它把宇宙万物看作是有统一结构的整体，以木、火、土、金、水五种物质的典型属性为五个基本范畴，以生克循环的动态系统为基本模式，阐释自然界一切事物的演化规律。五行相生之序是木生火，

汉字	水	火	木	金	土
水族文字					
甲骨文				（查未见金字）	
金文					

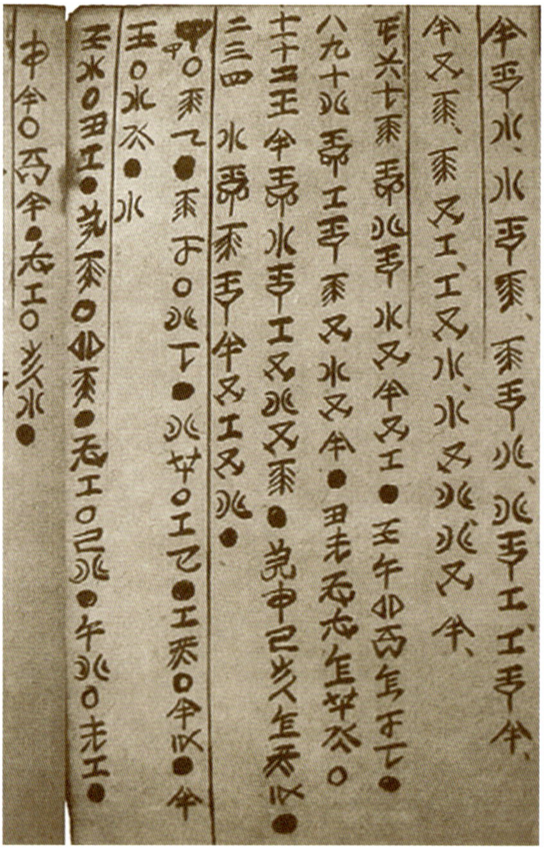

在水书《年庚午正七卷》中，五行之间的关系以及与天干、地支的对应关系，与古汉文化是一致的

从右至左直译为：金吉水，水吉木，木吉火，火吉土，土吉金；金凶木，木凶土，土凶水，水凶火，火凶金

意译为：金生水，水生木，木生火，火生土，土生金；金克木，木克土，土克水，水克火，火克金

火生土，土生金，金生水，水生木；相克之序是木克土，土克水，水克火，火克金，金克木。每一行都同时具有我生、生我、我克、克我四方面的联系。

水书大量使用五行学说，其文字出现的频率也较高。水族文字与古汉字之间有很多相似之处。

水族文字只不过以“吉凶”表示“生克”而已。它们之间的生克关系，与汉文化的五行生克关系，是一致的。

与易象八卦文字接近

易象八卦是中华民族悠久的古代文化，甚至可以说，它早于文字出现之前。且不说易象八卦深奥的文化底蕴，仅用其中的文字符号及方位与水族文字作一些对比。

汉　字	乾	坤	震	巽	坎	离	艮	兑
水族文字	[illegible]	[illegible]	[illegible]	[illegible]	[illegible]	[illegible]	[illegible]	[illegible]
自然卦象	天	地	雷	风	水	火	山	泽
卦　画	☰	☷	☳	☴	☵	☲	☶	☱
卦　形	[illegible]	[illegible]	[illegible]	[illegible]	[illegible]	[illegible]	[illegible]	[illegible]

再来看水书中的太极八山图，它与汉文化古代的八卦干支方位图的比较：

汉文化二十四方位图

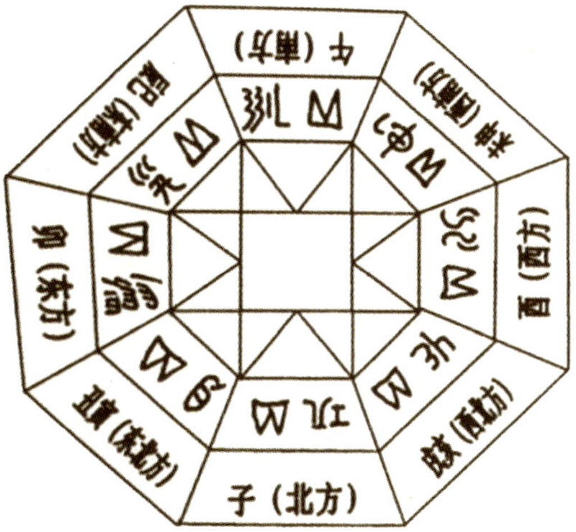

水书太极八山图

此外，水书中的九星、二十八宿等，与汉文化称呼及文字符号也有相近的地方。

水族文字中的古文明元素

水族文字将“书”写作“[illegible]”，近似汉字的“册”字。水族人用马尾绣将它绣于背带上，对所背的孩子有

水族背带上所绣的“[illegible]”字

着寄托，希望小孩长大有文化、有出息。其实，这两个长方块代表竹简，中间的“S”形，表示连接竹简的线。在还没有纸之前，水书是用竹简书写的。

水族自称“睢”或“濉”“虽”。“水”是音译，应该在唐代将水族地区定为“抚水州”以后，他称用“水”。“水”是上声，“睢”是平声。水族一直用平声自称。“勒睢”即是“水书”，或“水家的书”。“睢”在水书中有时也会写作“[illegible]”。这是有出处的。水族的先民是从中原而来的。经研究，与睢水流域有关系。睢水在现今河南睢县一带。这一带本身就是古代文明的主要发源地。

左面第二列倒数第二字便是“[illegible]”字(图/韦宗林)

都市的出现、文字的使用、宗教礼仪体系、权力制度等是古文明的几个重要标志。一个文明的民族，必须具备两个以上的文明因素。水族除了具有文字以外，还有其他文明因素吗?

从水族文字的遗存当中，就可看到水族先民都市与权力的影子。

水族文字的“城”写成“[illegible]”，水语音译“都居”，或译“土居”，意为人们聚居的都城。这一符号的书写，属会意字。水族的“◎”符号，指的是有人汇聚的地方，具有一定的界限。从符号“都居”的书写来看，大圆套小圆指地方或都城；里面的小圆是城都的中心，也是权力中心；圆以外的半圆符号写征是，人在不断汇聚；圆下面的三笔，或是表示汇聚路线，或是表示这座都城是活的、有生命力的。水语“城”，用“都”音，实属古音。在先秦，国指国都，都才是如今的城市之意；城，主要指“墙”，如今城墙之意。所谓“长城”，那是防御外敌的“大围墙”。

在《水书·丧葬卷》中有“都居”这一条目，由水族民间名称演化成水书条目名称。也是一种鬼的名称。“都居”鬼有雌雄之分，雌雄“都居”鬼的书写符号一致。

其实，鬼名书写是从民间称呼和“都城”的本义引申而来。“都居”鬼名条目，指的是鬼怪汇聚的都城。人间有都城，鬼怪才有都城；自然社会和人类社会有雌雄，鬼怪也就有雌雄。

有城市就有管理，管理需要权力制度，权力集中的地方是一个城市的中心。城市的权力中心，水语一般称为“衙”，是城的集权所在地，正是汉语衙门之“衙”音与义。水族文字有“[illegible]”或“[illegible]”，即“衙官桌”之义。水族文字中的“桌”为“⊔”，此字倒写就是一张一般的桌子“冂”。水族的“⊔”(桌)是用来给鬼神祭祀的，所以倒写。桌子上放有祭品，为“[illegible]”，倒过来看即是“[illegible]”(祭)字。平民用的当然是一般的简单的桌子，而官衙里的桌子可不一样，它是权力的象征，它的内涵要丰富得多。桌面上三个圆点，兴许是会意案牍、玺印等物；三者，言其多。否则，怎能显示权威?

水族文字不仅有衙门里的桌子，还有“官印”一字，即“回”。玺印从契刻、铸造、官符和兵符演变而

水书手抄本(图/罗春寒)

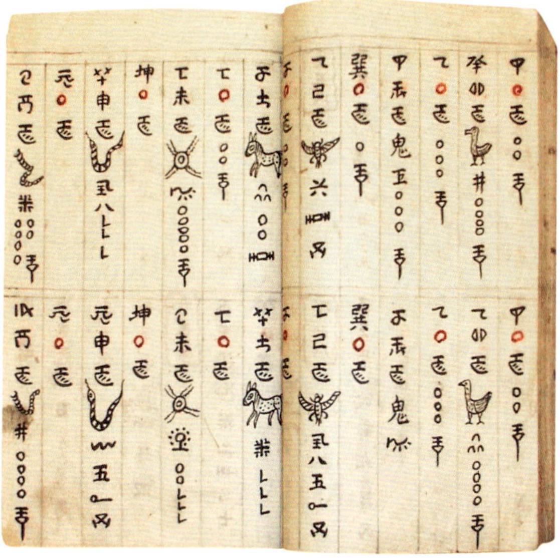

三都县九阡镇石板寨水族古墓石刻图（图/韦宗林）

从古墓石刻中可以看到水族古代社会的权力及武装。有专家认为，这是明代水家古墓棺椁石刻图，图居中长者为水族人的睢王，右手握有王印，左右为大臣，两边为武将护驾。水族先民的权力和城池早就已经失落，但铭刻在水族人心中以往的辉煌，并未消失

来，后逐步成为历代官制的凭证，再后来才成为文人墨客把玩的篆刻艺术。春秋战国时期，官印已经兴起。若不是水家先民曾拥有一定的政治地位和权力，不会在两千年来仍对衙门官桌如此眷恋，也不会对一个方寸大小的官印视为举足轻重的物品而遗留在文字里面。经历了权力的失落，才对权力念念不忘，对代表权力的器具念念不忘。

水族文字有“军队”“秩序”“规矩”等字。这些字都是古代王政的载体。在政治权力的制度下，必须具有强制力的武装作为后盾，都城一般与军队分不开。在水族文字中，居然还有表示“队伍”的字“⁞⁞”。该字的第一义是“队伍”，第二义为“规矩、秩序”，第三义为“体统”。应该说，“武装队伍”是本义，只有军队，最讲规矩，律令最严。有战争就有军队，有军队就有律令，律令的执行就是规矩、是秩序，有规矩就成体统。这是水族文字的本义和引申义的关系，符合中华古文化的规律。用两个三竖表示，可见武装队伍的严整与秩序，直观、形象加会意。若用三个三竖表示，则与“⁞⁞⁞”（雨）相混。

水族文字“𡉀”（旗）字，犹如古代军队列阵中的猎猎旗幡。它不是唯一一面旗帜的形象，而是阵旗的写征。水族先民不是古代征战的胜利者，水家人也不是好战者，但一直有敢于应战的精神和为正义而战的抗暴传统。

以上这些字，就是水家先民古代文明的孑遗，是水家先民对古时城市、权力、军队的铭刻记忆，也是水家先民曾有过古代文明的文字依据。

撰稿专家

韦宗林，水族，贵州民族大学教授、硕士生导师，贵州省水家学会副会长。主持完成国家社科课题《释读旁落的文明——濒危的水族古文字与古汉字比较研究》；著有《守望与超越》等2部，主编《中国水族文化研究》等2部，发表学术论文20余篇。

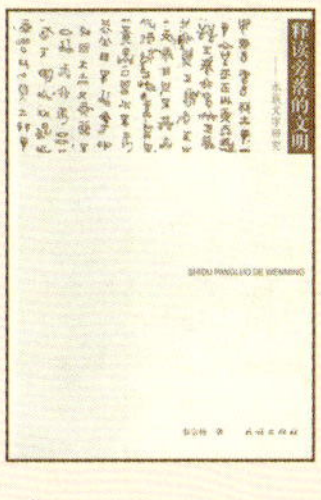

《释读旁落的文明——水族文字研究》

扫描二维码，阅读专家代表著作的电子版

水书研究渐热络，是非争议起波澜

围绕水书发生一些认识上的偏差和出入，并产生激烈的争论

隐在深山人未识

水书长期隐蔽传承于水族民间社会，过去由于资讯闭塞，信息不通，加上水书向来有只传内不传外的传统，使得外界对水书知之甚少，水书研究更无从谈起。最早向外透露水书的是清代被称为“西南大儒”的莫友芝先生，清咸丰庚申年（1860）莫友芝在其《红崖古刻歌》注中提及水书。或许是莫有芝《红崖古刻歌》印数太少，在社会上几乎没有引起反响。民国年间，贵州各地编修地方志，在水族聚居的都匀、独山、荔波、三合（今三都县）等县的地方志中，出现了介绍水书的专门章节，有的还收录了一些有代表性的水书文字图案，但影响仍然不大，并未引起世人关注。可以说，在此之前的千百年间，水书处于“安于一隅”状态，外界甚至很少有人知道偏远贵州水族地区还有水书的存在。

时间推移到20世纪40年代，因为抗战爆发，不少东部大学西迁躲避战乱，一些著名学者如吴泽霖、张为纲、岑家梧、李方桂等因此有机会来到水族地区进行社会调查。他们发现了水书，并通过学术文章再次向世人透露水书的存在。可以说这是水书研究史上掀起的第一波研究热潮。上述学者研究水书的专题文章虽然屈指可数，但开了风气之先。这些学者不仅揭开了水书神秘的面纱，而且他们的一些学术观点至今还影响后人对水书的研究。遗憾的是，这波水书研究热潮持续时间并不长，可谓昙花一现，抗战结束后，水书研究又归于沉寂。

中华人民共和国成立后，由于长期受极“左”思潮影响，水书被视为文化糟粕备受冷落，更严重的是在十年“文革”期间，水书在破除“旧思想、旧文化、旧风俗、旧习惯”的风暴中遭到前所未有冲击，水书先生当作牛鬼蛇神被批斗，大量水书被烧毁。民间水书活动变成地下活动，隐秘进行。

20世纪80年代改革开放后，三都、荔波等县档案局、民委等部门开始重视水书的收藏工作，当时收藏到的水书实物仅仅是作为文物档案来看待，数量不多，还谈不上真正重视水书的研究，研究水书的学者也寥寥无几，除原三都县政协王品魁等人专题研究过水书外，大多数学者仅介绍性或附带性地对水书进行过粗浅研究。

研究水书任重而道远（图/罗春寒）

水书到底起源于何时？

关于水书起源问题，到21世纪初成为水书研究界争论最激烈的焦点之一。

一般而言，水族学者大多采纳张为纲、岑家梧学术前辈观点，认为水书与殷商时期的甲骨文有密切关系，有的水族学者甚至认为水书起源时间更早。总之，水族学者基本认定水书是一种古老的文字体系，其历史可上溯到先秦时期的殷商时代。

但这种观点遭到其他学者特别是非水族学者的质疑。中山大学张振江教授在水族地区经过几年的田野调查后，在水族学者姚福祥研究成果的基础上，写成120万余字的《水书与水族社会》一书。该书以荔波著名水书先生欧海金家传的水书《陆道根原》为蓝本，在逐字逐条释读原文基础上，对水书存在的人文自然环境作详细的解读，并就水书对水族社会产生的影响作深入浅出的分析。通过一系列的研究，张振江教授认为《陆道根原》这一本水书出现时间很可能是清嘉庆年间。2010年1月笔者有幸拜会张振江教授，并就水书起源问题与之交流，张教授坦率地向笔者表示，依其研究水书经验，他认为水书出现的年代可能在明末清初，甚至很可能在清中叶以后。

无独有偶，2006年贵州民族学院教授叶成勇在《水书起源时代试探》一文中认为水书起源时代应在唐代中晚期至宋代。2009年黔南民族师范学院教授梁光华等人也撰文对水书起源表示异议，在《关于水族文字水书起源时代的学术思考》一文中提出了水书起源不会早于唐代的观点。

中国社科院民族研究所研究员梁敏2008年在《广西民族研究》发表《关于水族族源和水书形成之我见》一文，明确否定水族学者观点，并认为水族是南方古老民族百越族群瓯、骆或濮支系，与壮、侗等民族同源，水书是水族仿照汉字创制的一种文字，与先秦时期的甲骨文没有关联。

水族文字书法条幅（图/罗春寒）

由此看来，水族学者与非水族学者间关于水书起源认识出入很大，可谓大相径庭，差之千里。

时至今日，这场学术争论似乎已归于沉寂，尽管结果莫衷一是，谁也说服不了谁。但理性看，学术争鸣是件好事，毕竟百花齐放要比一家之言更能让人开阔视野，丰富知识。可以说，最近十余年来水族或水书研究的成果已向世人展示这样一幅图景，即有关水族或水书起源的研究还有很广阔的讨论空间。其实，这场学术争议的出现也不是偶然，因为我们祖先能够留下来的有关水族族源史料信息实在太少，考古资料更是空白，明清史籍虽有记载，要么片言只语，要么语焉不详，口耳传说的东西又不足信。这种情况下，要想把水族的族源彻底说清道明，也绝非易事。

政府重视促保护

进入21世纪，多元文化并存的观点深入人心，人们对水书的偏见发生改变，将水书视为濒临失传的民族文化瑰宝来看待，一些地方政府也敏锐地觉察到水书是一张不可多得的宣传地方文化的重要名片，因而开始把注意力转移到水书。

2002年贵州荔波县率先大规模开展水书抢救征集

工作，同时将三都县退休的政协副主席王品魁聘请到荔波档案局专职从事水书释读研究。2003年8月8日黔南州47周年州庆之际，黔南州委、州政府等单位在荔波县举办“荔波绿宝石之旅暨贵州少数民族服饰展演活动”，其间，荔波县档案局将其征集到的2000余册水书向来宾和游客公开展示，中央电视台记者对此进行专题采访，并在午间半小时栏目以“贵州发现神秘象形文字水书”为内容作了报道，水书由此引起社会大众广泛关注。

与之相邻的三都县紧随其后，于2003年成立专门的水书研究所，投入专款，组织人力物力积极抢救征集破译水书。三都县人大常委会还以地方法规形式制定了《三都水族自治县水书文化保护条例》，2008年5月该条例经贵州省第十一届人大常委会第二会议批准公布实施，明确水书未经批准，任何单位和个人不得收购、转让抵押和经营。

短短几年间，三都、荔波两县征集到各类水书达数万册之多，整理译注各种版本水书数十种，正式出版的水书译注本也达十余册。三都水族研究所韦世方等人还出版《水书常用字典》，成为首部识读水书的工具书。近年，三都、荔波两县又有数十本水书被文化部列入国家珍贵古籍名录，两县还分别表示要修建现代化的水书专题博物馆或陈列馆，以便科学保存和展示水书。

三都、荔波两县高度重视，使水书的抢救征集和整理研究工作向前迈了一大步，扩大水书宣传，让越来越多的人知道了水书的存在，促进了水书的保护与传承。

保护传承任重道远

2006年国务院批准公布全国首批非物质文化遗产名录，水族的端节、马尾绣和水书习俗这3项文化遗产榜上有名。此后，各级地方政府开始高度重视非遗的保护工作，水族也不例外，也取得一定的成效。但从目前情况看，在水族3项国家级非遗产目录中，水书的保护与传承存在问题最多，保护现状最令人担忧。有学者甚至悲观认为，长此以往，再过几十年，水书将变成“死书”。水书保护传承工作面临严峻形势和巨大挑战。

就水书保护现状而言，地方政府存在两大操作上的误区，应引起足够重视。一个误区是简单把征集水书入藏档案馆、博物馆视为保护水书的必要手段，认为只要把所有的水书收集起来保管好就是对水书

贵州榕江县仁里水族乡的水书先生暑期传授水书，让民族文化薪火相传（图/视觉中国）

最好的保护。殊不知，这是一种弄巧成拙、越俎代庖的做法，后果很严重。水书被人为搬离水族村寨，人为割裂了水书与水族社会之间天然的联系，可以想见，离开水书先生，离开生存所必需的社会生态环境，水书就会变成无源之水，无本之木，加速消亡不可避免。按照民族学功能学派的理论观点解释，水书具有指导人们趋利避害、逢凶化吉的功能，这正是水族传统社会最需要，有需要就会有存在，历史上，水书能够长期存在于水族民间社会，也正是这个道理。

第二个误区是为发展地方经济和宣传水书，不少地方生编硬造许多具有“现代”气息的新水族文字，误导世人，篡改传统水书本来的面目，也不利于水书传承发展。现在人们来到水族地区，用水书书写的各种牌匾、标语、对联随处可见。不少地方党委、政府单位甚至商家店铺的铭牌在汉字旁边增加了新造的水族文字，水书似乎成为一种自我造字功能完备的文字系统。稍有一点历史常识的人都知道，仅有几百个单字的水书里是不可能有“人民政府”“委员会”“热烈欢迎”“开工仪式”这样的文字存在的。

水族文字书法（图/罗春寒）

更令人担忧的是，随着时间的推移，水书先生的传承已经出现断层，水书先生的数量在急剧减少。据统计，全国有1000多名水书先生，但绝大部分已在60岁以上。

在现代文明的冲击下，水书传承后继乏人，水书社会功能的丧失，导致被称为“活化石”的水书濒临消亡。水族传统文化如何得到有效的保护和传承，使之在当今迅速发展的现代社会中能够延续、生存下去，恐怕这才是引起高度重视的首要问题。

贵州黔东南州雷山县达地水族乡也吉水寨里有一座村民自发集资修建的“也吉水寨水书博物馆”，2010年10月竣工后，免费开放至今。发起人水族村民杨秀标是当地人人皆知的水书先生，他除了无偿担任讲解员，还先后教授27名村民学水书（图/视觉中国）

撰稿专家

罗春寒，水族，贵州省黔东南民族职业技术学院教授。

《水书的抢救及存在问题浅议》

扫描二维码，
阅读专家代表著作的电子版

古老语言传信息

水语是水族人的母语

水族社会的交际工具

在水族聚居的中心地区，群众的日常生活、生产劳动、喜庆节日，直到赶场赶集，都使用本民族语言。虽然有相当一部分水族人可以同时说汉语或其他民族语言，但在家里或和本族人交谈，仍然使用水语。

近年来，水族聚居地三都水族自治县提出了“民族文化塑县”的战略，先后编写了《水族文化进校园小读本》和《水族文化进校园读本》等，对中小学生进行了水语拼音教育，这对水族语言的传承将起着积极的推动作用。

水语主要分布在贵州黔南州的三都水族自治县和荔波县、独山市郊、都匀市郊，还有榕江、从江、黎平、剑河等县，广西壮族自治区所属的南丹、宜州、融水等地也有少量分布。水语内部大致可以分为三个土语区或者说是方言区，即三洞土语、阳安土语和潘洞土语。三个方言区之间主要的差别主要是语音上的差别，语音之间对应关系也比较整齐，词汇的差别主要体现在词义、来源以及使用习惯的不同，语法也没有很大差别，主要个别虚词有所不同。三个方言区的人经过一定时间后，可以自由交流。

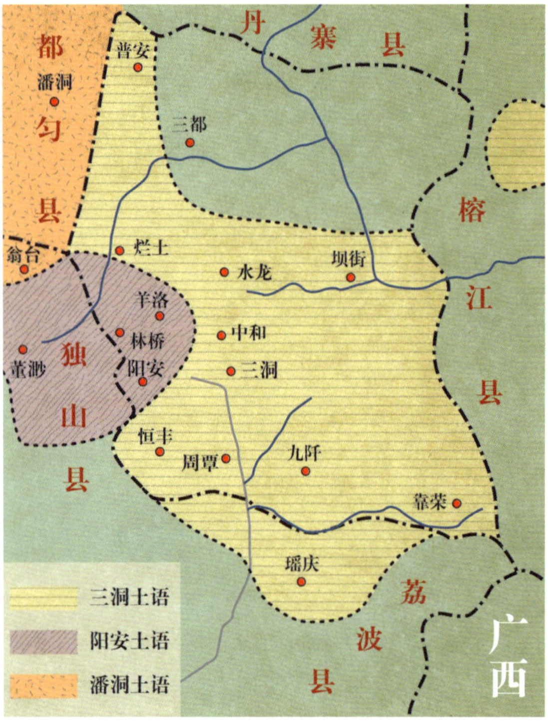

水语方言示意图（绘图/蔡惟）

丰富完整而独具特色的体系

中国有56个民族，而中国的语言超过129种，这些语言主要分属汉藏语系、阿尔泰语系、南岛语系和南亚语系。水语属汉藏语系壮侗语族（也称侗台语族）侗水语支，同为侗水语支的语言还有侗语、仫佬语、拉珈语、佯僙语、标话、毛南语、莫语等。

水语的音节分为声母、韵母和声调三个部分。语音比起侗台语的其他几种语言来都要复杂得多，台语支声母一般为20—30个，而水语声母多达70多个，全部韵母50多个，舒声调6个，促声调2—4个。水语声母系统比较复杂的原因，可能是保存了一些早期的语音现象，水语的音韵系统对于侗台语语音史的比较研究具有极其重要的价值。

水语的基本词汇以单音节为主，特别是最常用的核心词汇多数是单音节的；两个或两个音节以上的词，数量也不少，通过派生和复合方式组成的合成词

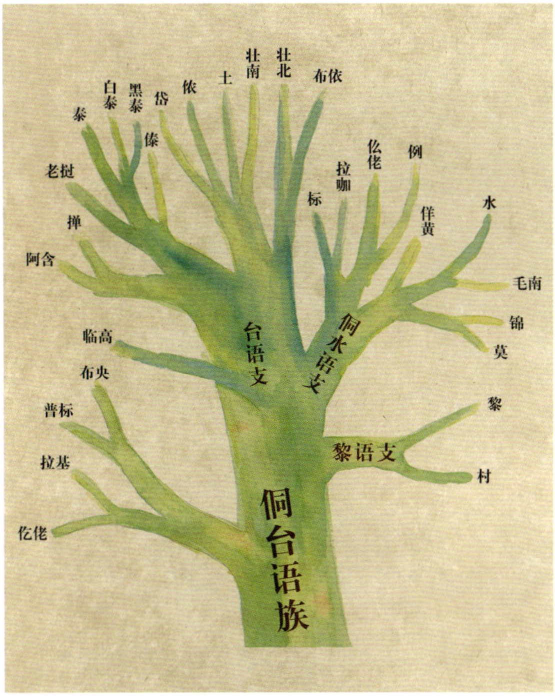

水语与周边语言的关系简图(绘图/蔡惟)

比比皆是。

人们在长期的生产和生活中，积累了大量的词语，这些词语不仅包括衣食住行，也包括了人们对自然的认识和表述。随着社会的发展和进步，水族传统的农业经济社会逐步被打破，人们跟外界也有更多交流。词汇是语言的建筑材料，水语词汇则是开放的系统，旧的词语不断被遗忘，新的词语不断产生，越来越丰富。

水语的句型结构也有自己的特点。比如“我是水族，你是苗族”“你犁田，我割草”这样的句子，词的次序水语跟汉语完全相同。但表示修饰关系、领属关系时，水语跟汉语的词序正好相反。例如，汉语说“红布”“油菜”，水语则是“布红”“菜油”；汉语说“我家”“你哥哥”，水语说“家我”“哥哥你”。指示词、方位词的位置也跟汉语不同，汉语说“这本书”“那座山”，水语是“本书这”“座山那”（或“山那”）；汉语说“家里”“水上”，水语说“里家”“上水”。另外，水语具有极为丰富的语气词表示各种语气。

非汉语语言学之父——李方桂和《水话研究》

李方桂(1902—1987)，语言学家，祖籍山西昔阳县，出生于广东，后入美国籍。他1924年赴美留学，先后在密执安大学和芝加哥大学攻读语言学，是中国在国外专修语言学的第一人。

李方桂先生是国际语言学界公认的美洲印第安语、汉语、藏语、侗台语之权威学者，也是中国最早从事民族语言学研究的学者，并培养了大量的民族语言研究人才，人们尊称他为“非汉语语言学之父”。

1935年，李方桂先生到广西调查龙州、武鸣、迁江等地壮语，后来又调查了贵州的水、莫等语言和云南剥隘的壮语、整董等地的傣语。在其1937年出版的中国语言学年鉴《中国的语言和方言》中，李方桂先生第一次对中国的语言进行全面分类，提出中国汉藏语系的语言包含汉语族、侗台语族、苗瑶语族、藏缅语族。

水语的研究最早起源于李方桂先生20世纪三四十年代对水语的调查。李方桂先生1977年出版了《水话研究》，全书285页，该书的主要目的是把水话记录下来。

撰稿专家

韦学纯，水族，博士，中国社会科学院民族学与人类学研究所副研究员。专注于水族语言及相关领域的研究，发表和出版有《水语句末语气词》《水书研究未来发展趋势》等论文数十篇，以及《水-汉-泰-英词典》《中国民族语言文字研究史论》《水语常用词汇和常用语典藏》等著作20余部。

《水语的基本短语类型》

扫描二维码，
阅读专家代表著作的电子版

铜鼓是水族人民俗生活中不可缺少的道具(图/黄晓)

第3章

地域不同节日盛　历法别样文化兴

民俗与礼仪

本章主撰稿人：贵州省黔东南民族职业技术学院教授　罗春寒

一踏上月亮山下都柳江边水族聚居区这片热土，就会感觉到古朴神秘的乡风民俗迎面扑来。

水家人年年为风调雨顺唱赞歌，岁岁为人寿年丰排酒席。每当栽秧上坎、万物葱茏之时，每当谷熟稻黄、粮食归仓之际，都是水家人欢庆的节日。那种万人欢乐祥和的场面，真可谓是九乡十八寨，家家扶得醉人归。

水族没有一个统一的全民性的民族节日，而是不同的节日将水族划分为不同的节日群体。如水族两个最大的民族节日——端节和卯节，水族是过端节者不过卯节，过卯节者则不过端节。在同一民族内部存在着两个截然不同的节日习俗群体，这不仅是一个有趣的民俗文化现象，也是水族节日文化习俗的重要特点之一。

水族大多数节日的具体过节日期需由水书先生依据水书及水书历法推算择定，在吉祥喜庆的地支日子过节，每个节日或同一节日不同批次的过节日期，均须确保准确无误，既不能提前，也不能拖后，以保证水族社会内部的稳定发展和不同地域支系之间的和谐共处。这种择吉过节的方式，也是水族社会传承水书历法的重要方法。

在水族人的眼里，大多数的自然物都受到了某种神灵的支配或者就是某种神灵的化身。如何对待这些充满灵性的自然物，决定着一个人或者一个家庭乃至整个家族命运的好坏。因而人们对这些自然物总是崇拜有加，惟恐遭到神的惩罚。日常生活中，人们言行中不敢稍有亵渎，同时定期或不定期用供品进行供奉，以求得到护佑。

史学家、民俗学家进入水乡时，常将殷人“尚鬼”“重甲骨”与水家“重祭祀”“重水书”“重铜鼓”“重跑马”“重唱歌”等文化现象进行比较、评说。当下水家人仍在使用自己的语言、文字、信仰，固守冥冥之中的绝唱，延续着古风犹存的民俗。

万物有灵

水族社会自然崇拜、鬼神崇拜和祖先崇拜并重

对大自然的崇拜

自然界中的石头、古树、井泉都充满着旺盛的生命力，在水族人的眼里，这些自然物受到了某种神灵的支配或者就是某种神灵的化身。如何对待这些充满灵性的自然物，决定着一个人或者一个家庭乃至整个家族命运的好坏。因而人们对这些自然物总是崇拜有加，惟恐遭到神的惩罚。日常生活中，人们言行中不敢稍有亵渎，同时定期或不定期用供品进行供奉，以求得到其护佑。

被人们奉若神明的自然物，其身世必有一段神奇怪异的传说，并且“灵气十足”，有求必应，非常灵验。

在距三都县城4千米外一处叫打孟塘的地方，有一尊被人们供奉为“菩萨”的天然巨石，这是水族地区目前香火最为旺盛的巨石崇拜地点。这一巨石成为“菩萨”只是最近三四十年的事。据说20世纪70年代末的一天，有人看见这块巨石从山上滚下来后，认为是天降“神仙”，遂在巨石前下跪磕头，求其保佑自己能够调进县城工作，后来此人进城工作的愿望果真实现。此事传开后，人们不断到这里敬香祈祷，香火逐渐旺盛起来。如今，农历每月初九、十九、二十九三天，都会有众多

村头田边常常可见水族民众在祭拜“石菩萨”（图/韦毓坤）

的善男信女到此馨香祷祝，许愿还愿。其中，每年正月初九和九月初九这两天是这里的香火最旺盛的日子，到此“求菩萨”的人多达千余人，场面十分热闹。

水是人类赖以生存的物质条件之一。水族聚居地多为喀斯特岩溶地貌，地下溶洞、暗河众多，许多地方地表水十分缺乏，特别是干旱的年份，许多井、泉干枯，造成了人畜饮水和农业生产用水困难。因此，一些长年水流不断，永不枯竭的井、泉，也成为人们崇拜供奉的对象。水族地区供奉水神仪式以敬霞节中祭祀“霞井”和卯节中祭祀水井最为典型。每当敬霞节或卯节到来的时候，人们都会带上酒、肉等供品到固定的“霞井”或村寨内的水井边进行祭祀活动，祈求水神赐予长流之水，供人们生活和农业生产之用。

鬼有善恶之分

水族信仰的鬼神多达七八百个，据说有名有姓的鬼就多达313个，民间也有“水家鬼多”的说法。

鬼有善恶之分是水族鬼神崇拜的最大特点。“开天地造人烟”的创世女神“牙俣”，水书的创造者、带领水族各部落大迁徙、为民族的生存和发展做出重大贡献的“公六铎”，定期到人间送儿送女的地母娘娘“妮杭”等，都是水族人极为崇拜的善鬼（神）。这些鬼神中，有的负责农业生产，有的负责婚姻丧葬，有的掌握时辰吉凶等等，所管辖的范围几乎涵盖日常生产生活的方方面面。

善鬼还有驱魔逐怪的能力。恶鬼常常给人们带来病痛、火灾、水灾甚至死亡等，但它们并非无所不能。对恶鬼可能带来的灾难，人们可以通过供祭方式，取悦恶鬼，请求它手下留情，网开一面，不再降灾于己。为什么水族在供祭地母娘娘的时候，总是不忘在一旁设副席供奉恶鬼“牙却”？其原因也在于此。它是水族诸神中，心胸狭窄，最易闹别扭和作祟的野鬼。对它招待不周，它就会给人们特别是小孩子带来一些疑难杂症，让你久病难愈。对恶鬼已经带来的灾祸，水族也并非束手无策，坐以待毙。人们还利用占卜、巫术等办法请来善鬼驱除恶鬼，使其不得恣意妄为，祸害人类。

供奉祭拜祖先

水族的祖先崇拜是鬼神崇拜的延续和发展，水族把祖先视若鬼神加以供奉。在水族的鬼魂观念里，祖先的亡灵同鬼神之间没有泾渭分明的界线，甚至有时被混为一谈，从而使水族的祖先崇拜带有明显的鬼神崇拜色彩。但水族并不认为所有的列祖列宗都对家庭

道路、桥梁等也要祭拜，保佑出行平安（图/视觉中国）

有庇护的作用。新近去世的长辈如父亲的亡灵（水语称“公忙干”）庇护家庭的能力最大，它被供奉为所谓的“正神”，成为水族祖先崇拜中最受崇拜的对象。去世较早的祖父辈的亡灵（水语称“三华干神”）庇护家庭的能力小了许多。去世更早的曾祖辈的亡灵（水语称“四华干神”），它们庇护家庭的能力越来越小，有的甚至变成了祸害家人的野鬼。在供奉祖先的亡灵的时候，供品的丰厚程度也要区别对待。

受汉族的影响，水族家庭普遍有设置神龛的习俗。水族的神龛实际上就是供奉祖先灵位的地方，设在堂屋正对大门的墙壁上，比较简陋，大多用红纸写上灵位的内容粘贴在墙壁即成。水族供奉祖先大多在逢年过节的时候进行，除此之外，家中有大事要办，如婚嫁、建房等，也行供祭祖先之礼。

右图：水族人家摆放的神龛（图/罗春寒）
下图：水族寨老在进行祭祖仪式（图/视觉中国）

名目繁多的节日

过节要由水书先生依据水书及历法推算，择定吉日

择吉过节

节日是人类社会独有的文化事象，世界上各个民族都有自己的节日。人类的节日不论是形成过程还是文化功能都有其丰富和深刻的文化背景。大体而言，古代民族节日的形成，不仅与其所处时代背景以及自然环境有极大的关系，也与其生产生活方式以及经济社会发展水平有密切关联。在古代，人们为了达到某种目的而“创造”出自己的节日，如为祈求风调雨顺，为庆祝生产丰收，为纪念某个英雄人物或重大历史事件，为祈求祖先保佑或神灵护佑，为年轻人提供交友恋爱机会，为辞旧迎新，等等。

节日作为一种文化，由于产生的条件不一样，往往带有浓厚的民族特色，因此，节日甚至成为民族的文化标签，成为区别于其他民族的重要依据之一。当然不可否认，因为文化交融，在世界范围内，节日借鉴甚至借用现象是存在的，也不能简单地下结论说，过共同节日的人们一定是同一民族。尽管如此，通过追根溯源不难发现，民族的节日带有浓郁的民族文化色彩。

由于历史的原因，加上分布地的不同，水族的节日文化各具特色。水族没有一个统一的全民性的民族节日，而是不同的节日将水族划分为不同的节日群体。如水族两个最大的民族节日——端节和卯节，水族是过端节者不过卯节，过卯节者则不过端节。在同一民族内部存在着两个截然不同的节日习俗群体，这不仅是一个有趣的民俗文化现象，也是水族节日文化习俗的重要特点之一。随着对外交往的扩大，水族的节日习俗受汉文化影响越来越明显。汉族的中秋、七月半（鬼节）、端午以及春节等节日，在水族地区已逐渐流行起来。不过从形式、规模和范围上看，水族固有的本民族的传统节日仍然是水族节日文化的主流。

水族大多数节日需由水书先生依据水书及水书历法推算择定日期，在吉祥喜庆的地支日子过节，每个节日或同一节日不同批次的过节日期，均须确保准确无误，既不能提前，也不能拖后，以保证水族社会内部的稳定发展和不同地域支系之间的和谐共处。这种择吉过节的方式，也是水族社会传承水书历法的重要方法。

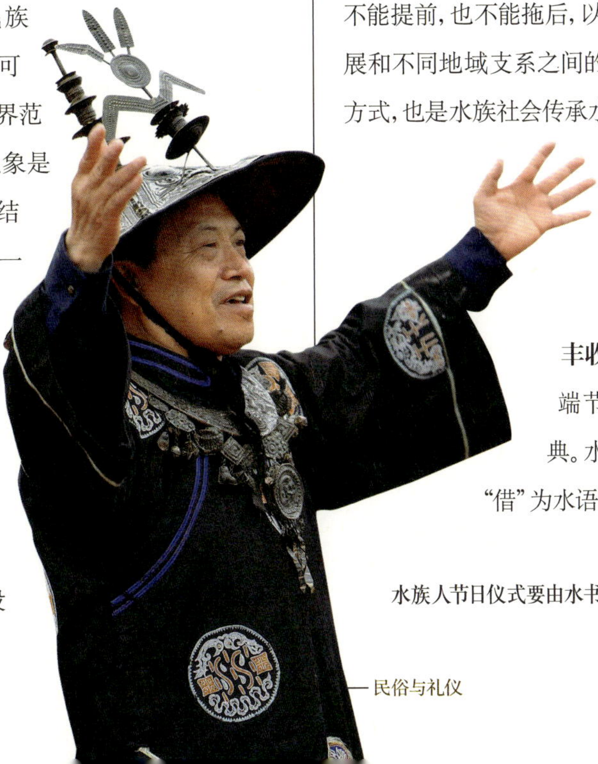

水族人节日仪式要由水书先生主持（图/视觉中国）

世界上持续时间最长的迎新年——端节

丰收之时是一年的开端

端节是水族人民辞旧迎新的盛典。水族人自称“借端”或“借瓜”，“借”为水语“吃”的意思，“借端”“借瓜”

水书先生在三都县尧人山进行开端祭祀(图/视觉中国)

即吃端、过端之意，相当于汉族过春节。它是贵州三都、都匀、独山、荔波、榕江等地水族人民欢庆丰收、辞旧迎新、庆祝人寿年丰而举行的节日，也是水族人民最隆重的年节。

水族人按水族历法来推算过端日期：水历一年12个月，以农历的九月为正月，农历的八月为岁尾，亥是地支的末序，故以水历十二月的第一个亥日为一岁的终了和新年的开始，有继往开来之意。水历的一月为“端月”，端者，一年之开端，正是谷熟稻黄的季节，符合《说文解字》“年，谷孰也”的本意。所以说水族的端节不论是从内容还是形式上，都与古文字的“年”之意相吻合，“过端”自然成了水族的“过年”。

水族人在水历十二月(农历八月)至水历新年二月(农历十月)期间，以亥日为庆典日，按古老惯例分片区轮流过端节，历时两个月之久。它共涉及到三都全县21个乡镇的100多个村。最初过节的是号称“水族老大哥”

饶有趣味的水历

水历把六十甲子与二十八宿和七曜相配来定纪元，以四百二十年为一个周期，周而复始，循环不辍。水历的二十八宿分别是蛟、龙、貉、兔、日、虎、豹、蟹、牛、(蝙)蝠、竹鼠、燕、猪、鱼、螺、狗、雉、鸡、乌(鸦)、猴、獭、鹅、羊、蜂、马、(蜘)蛛、蛇、(蚯)蚓。以每六十年为一甲子，称为一元，四百二十年正好可分为七个甲子，七个甲子即七元，故又有人将水历称为“七元历”。第一个甲子称为第一元，以此类推，到第七个甲子即为第七元。

第一个甲子与日星相对应为鼠宿，第二个甲子与金星相对应为螺宿，第三个甲子与水星相对应为乌鸦宿，第四个甲子与月星相对应为鬼(羊)宿，第五个甲子与土星相对应为蛇宿，第六个甲子与木星相对应为貉宿，第七个甲子与火星相对应为豹宿。

水历将一年分为“盛”(农历二、三、四月)、“鸦”(农历五、六、七月)、“熟”(农历八、九、十月)、“挪”(农历十一、十二、一月)四季，与农历“春”“夏”“秋”“冬”四季相当。全年分为12个月，大月30天，小月29天，一年354天，与太阳回归年365天相差的天数用置闰月的办法来弥补。

的都匀套头地区，以水历十二月的第一个亥日为起始；过第二个亥日的是三都周覃镇水东、中和镇马联等村；三都廷牌、恒丰等地过第三个亥日；三都三洞中和等地过第四个亥日；三都扬拱水昂等地过第五个亥日。依次后推，最后一个端节通常是到农历十月二十日，分别在三都九阡镇水昂村，三洞古奇寨等村落进行。端节前后历五个亥日共60天，持续时间之长，堪称世界之最。

吃素祭祖

水族崇拜对象中，以祖先崇拜最为普遍。无论是节日、丧葬、婚嫁还是营造，祭祀祖先都是必须的，求得祖先的保佑，赐福禳灾，诸事顺利，子孙平安。

端节祭祖是节日活动的重要内容。祭祖的时间从亥日的前一天，即戌日的晚饭开始到次日晚饭前止。祭祖期间，全家一般都要忌荤食素，以表对祖先的尊敬。水族祭祖讲究用素食作供品，其中以南瓜、茄子、豆腐、花生等最常用，最忌用动物的肉，也忌动物的油脂混入供品中。但水族的供品并非全部都是素食，鱼和虾非但不禁，而且还必不可少。以草鱼或鲤鱼（当地称田鱼）为主要原料的“鱼包韭菜”充当供品中最重要的角色。

“鱼包韭菜”是过年的上等佳肴。其烹制方法很独特：一般用约一市斤重的鲜活草鱼或鲤鱼为主料，洗净后，从鱼背剖开除去内脏，然后将拌上生辣椒、姜、葱、蒜、米酒等调味品的韭菜塞入鱼腹，用稻草捆绑，放入甑中清蒸约10个小时，直至鱼骨软化，“鱼包韭菜”方告烹饪成功。

水族祭祖为什么忌荤食素？为什么只忌陆地上的动物而不忌鱼？水族传说是这么解释的：水族远祖有四个儿子分住各地。有一年秋天，他们来看望远祖，远

隆重而欢庆的端节（图/视觉中国）

祖十分高兴，上楼取腊肉招待大家，谁知不慎坠楼而亡，众兄弟悲痛不已，决定在吊丧期间食素，并以素食供奉远祖以示尊敬。为什么要以鱼为主祭品？因为远祖住的地方吃鱼像吃菜一样平常，祭鱼就是怀念祖先的故乡。

以鱼祭奠铜鼓（图/罗春寒）

其实，水族对鱼有着特殊的感情，鱼为水族最为崇拜的图腾，直至今天，鱼在水族日常生活中仍然扮演着重要的角色。款待宾朋，鱼被视为美味佳肴；提亲或报丧也要用鱼；妇女的刺绣，鱼是最常见的图案；有的地方新坟封土后，甚至要洒鱼卵于坟上。水族的民间故事、传说、神话中有关受鱼恩赐、与鱼为友的内容更是不胜枚举。总之，鱼与水族的生活息息相关，须臾不可缺少。在祭祀祖先这种庄重的场合里，把人们最为崇拜的鱼作为主供品是完全合情合理的。

登高赛马，古代征战的遗风

登高赛马是水族端节活动的另一个重要内容。赛马地点不在平地，不在草原，而是选在山坡上，这是水族赛马的特色。而且，赛马的时间都在端节亥日（相当于汉族春节的大年初一）午饭后进行。赛马结束后，人们回到家中大摆宴席款待宾客，开怀畅饮，通宵达旦，整个村寨完全沉浸在节日的喜庆中。

端节赛马活动都有固定的场所——端坡。水族地区的端坡数量众多，有的是一个村寨有一个端坡，有的是几个村寨共同拥有一个端坡。许多端坡历史悠久，传说是最早的寨老开辟的，大都有数百年历史。端坡是

赛马是端节的传统活动，也是水族男青年显示力量与勇敢的机会（图/包晓闽）

集体共有公共场所，赛马的跑道和端坡上的一草一木，任何人都不得破坏或侵占，否则要受到习惯法的惩治。随着人口的不断增加，有的端坡容量有限，不能满足端节赛马的需要，不少村寨在寨老的倡导下另辟新的端坡，所以水族地区的端坡数量还在增加。如20世纪90年代，三都县水龙乡（今中和镇）的独寨和拉佑这两个村，就分别开辟了各自的新端坡。

午饭后，男女老幼都身着节日盛装不约而同地来到端坡观看跑马比赛。骑手清一色为男性。赛马前，寨老要在端坡上设上一席供品，隆重祭祀开辟端坡的祖先，祈求保佑端坡赛马活动平安无事，来年风调雨顺，五谷丰登。祭毕，寨老骑马行开道仪式，先拔掉插在跑道上的草标，然后绕道一周，众人方可入场赛马。赛毕，寨老们分别给获胜者颁发礼品或礼金，鼓励骁骑者来年再接再厉。

古老的东方情人节——卯节

祈求神灵保佑风调雨顺

卯节，是和端节一样隆重盛大的节日。但是，过端节的村落不过卯节，过卯节的村落不过端节。

卯节是在水历九月、十月内（相当于农历的五月、六月）逢卯日过节。卯节在地域上分四批过节，首尾历时50来天，主要流传在三都、荔波两县毗邻的水族村落。水族古歌云：“第一卯，水利（荔波）的卯；第二卯，董达（荔波）的卯；第三卯，水扒、水浦（荔波）的卯；第四卯，九阡（三都）的卯。九阡大，吃卯殿后。”四批卯节，前三批在荔波县境内，最隆重的末批在三都县九阡镇，最隆重的卯坡在九阡的水各村。

“卯”字，在甲骨文及水书中都写作“卯”，卯字的读音，水族及汉语基本相似。《说文解字注》引《律书》云：“卯之为言茂也，言万物茂也。”水书也认为“水历十月（对应为农历六月）是绿色生命最旺盛的季节”。

祭祀禾神（图/视觉中国）

关于卯节的来历，水族有这样古老的传说：九阡地区水族的远祖拱恒公带领子孙们在这片土地上过着日出而作、日落而息的田园生活。但有一年宁静美满的田园生活被打破，祸从天降，大批蝗虫把他们的庄稼吃光了。人们正在一筹莫展之际，拱恒公在夜间遇见六鸭道人，六鸭道人传授他灭虫灾之法。第二天他连忙吩咐子孙们打扫屋宇收集灰尘撒到稻田里，结果蝗虫成片死掉，庄稼又长出了新芽。为表示对六鸭道人敬仰和感激之情，人们决定在每年农历辛卯这天都要备办酒肉祭祀他，以后就逐渐演变成卯节了。

过卯节的时间是初夏时节，栽秧上坎之际，这个时候也正是农业自然灾害多发期。为避免自然灾害的降临，保证绿色生命旺盛生长，过节的时间必须要回避“丁卯”日。因为根据水书“丁卯”是“凶日”，丁属火，乃旱象，不利于庄稼的生长。相反，过卯节如逢“辛卯”日则被认为是“最顺利的日子”，人们在这一天祭神、娱神，祈求神灵保佑风调雨顺、五谷丰登，是最吉利、最灵验的。因此，过卯节的具体时间要根据水书严格推算。

在水族地区，过端节的水族不过卯节，过卯节的水族则不过端节。这是一个比较有趣的民俗事象。有人以此认为水族主要来源于过端节和过卯节这两个古老群体，“过卯节的人们，是水家规模仅次于端节的古老部

祭祀祖树（图/罗春寒）

祖树大多位于村寨附近，多数为参天的古树。一般以家族或一个村寨为单位集体祭祀，祈求树神保佑全家族或全村寨农业生产风调雨顺，五谷丰登

族。”今天的水族，过端节的群体和过卯节的群体，在语言、服饰、习俗等方面，仍然存在比较大的差异。

祭祖先、祭祖树、祭稻田、祭卯坡

卯节讲究祭祖，但除祭祖外，卯节期间还要祭祀六鸭道人，到稻田边祭祀禾神，到水井边祭祀水神，到卯坡祭祀山神等。不仅如此，供品也与端节不同，卯节不以素食而是以荤食特别是猪肉为主要供品。

卯节以十二地支的第三位“寅”日为除夕（即卯节的年三十晚）。卯节来临，水族家家户户都要清扫屋子，备办节日所需的物品，等待节日的到来。卯节的前一天中午，人们便杀猪宰鸡，准备好祭祖所需的供品。晚饭前，祭祖仪式正式开始。神龛前的桌上摆设各种丰盛的供品，鸡、鸭、鱼、肉以及米酒、豆腐、糯饭，一应俱全。

祭祖仪式一般由男性家长主祭。仪式结束，家人才可入席吃“年夜饭”。卯节当天早上，要集中举行一次祭祖仪式。与端节最大的不同，卯节除祭祖外，还要祭祖树、祭稻田、祭卯坡等。各村各寨都取出珍藏的铜鼓来敲击，烘托节日气氛。这些祭祀活动与古代的社祭有相似之处，被认为是古代社祭的遗风。

祭祖树、稻田和卯坡的时间一般在卯节的当天进行。祭品有猪肉、糯米饭、米酒、豆腐等，此外，一把谷穗是必不可少的。

祭祖树一般以家族或一个村寨为单位集体祭祀，祈求树神保佑全家族或全村寨农业生产风调雨顺，五谷丰登。人们相信这一段时间农作物灾害频繁，进行树神祭祀可以有效遏制自然灾害的发生，效果灵验。过去，水族许多村寨都有一片公共的稻田叫“韵娘田”，祭祀费用均由此出。现在“韵娘田”不复存在，所需费用由全寨各户均摊。祖树大多位于村寨附近，多数为参天的古树。祭祀由水书先生主持，各户出一人作代表参加，当天进入村寨的各路口都插上草标，严禁外人擅自闯入。水书先生在大树下念咒语祈祷一番，燃香化纸后将酒杯中的酒泼洒在树根下。随后众人在树下聚餐会饮，庆祝祭祀活动圆满结束。祭祀树神的活动通常要持续一天。

祭稻田和祭卯坡现在都以家庭为单位进行。祭品除上述外，有的还有煮熟的螺蛳。祭稻田的地点都在自家的田边。届时，主人在田边摆设祭品，插上一根树枝，将谷穗挂在树枝上，烧香化纸，祭拜禾神，请求赐予好的收成。祭卯坡多在坡脚设供席，形式与前者相类，目的相同。

青年男女的恋爱坡

卯日的正午是节日的高潮，青年男女穿着节日盛装，打着花伞从四面八方走来“赶卯坡”。卯坡是青年男女对歌的场所，也是公开的爱情驿站。水族青年男女把卯坡当作媒娘，以情歌当作桥梁，将青山绿水当作永恒的见证，用纯真的心灵构筑自己的理想。未婚男女都希望在卯坡上有机会一展歌喉，寻找意中人，追求现实的幸福。

祭罢卯坡，众人欢呼雀跃，奔上卯坡，对歌活动正式开始。小伙子手牵手将姑娘围在中间，姑娘们手撑着各种花伞将自己的脸遮住，小伙子们争先恐后用歌声来试探姑娘。谁的歌声优美动听，谁就能够打动姑娘的芳心，引来姑娘歌声的回应。双方以对歌的形式，你来我往，一问一答，互通情况，爱恋之情油然而生。卯坡对歌为青年男女自由恋爱大开绿灯，不少人就是在卯坡上通过对歌后定下了终身，卯节也被人们称之为“东方情人节”。

卯坡也不只是未婚男女的专利，看热闹的少年，在潜移默化中接受熏陶，憧憬着美好的明天；领着稚童的老人，背着婴儿的少妇则也都在场聆听着青年男女演唱感人至深的歌词和美妙动听的乐曲，咀嚼着“过来人”记忆中的那种甜蜜。

青年男女穿着节日盛装，打着花伞从四面八方来“赶卯坡”，在卯坡上一展歌喉，寻找意中人（图/视觉中国）

水族婚礼（图/韦毓祥）

婚期到来的前一天，男方家要派一两位夫妻双全、有儿有女的妇女和几位童男少女以及十几二十位小伙子（他们主要是负责到女方家抬嫁妆）前往女方家迎亲。迎亲所带的礼品有鸡、肉、酒、糯米饭等，有的地方还要带上镰刀、鱼笼等生产工具。到女方家后，女方家除盛情招待迎亲的队伍外，晚上还要安排寨上青年男女与迎亲队伍对歌，以增添喜庆气氛。当晚，新娘穿上自己多年来亲手精心制作的衣服，并戴上新郎家送来的银饰品，坐在闺房准备出阁。新娘出家门的时间由水书先生确定，一般都是凌晨或上午。出门时要由新娘的兄长（没有兄长的由堂兄长代）背出家门，并由伴娘撑红伞遮住新娘。纸质的红伞要撕开一个缺口，以示姑娘离家出嫁，从此安心夫家生活，不再眷恋在娘家时的少女生活。出门时新娘不得回头看父母或家门，据说这样新娘才不恋娘家，安心夫家生活

儿童与母亲共同的节日——苏宁喜节

生活在贵州三都县恒丰乡（今属周覃镇）的水族，还有一个专门的儿童节日，这个节日叫“苏宁喜”（水语译音）。人们按照水历每年四月（对应为农历十二月）的第一个丑日为孩子们欢度苏宁喜，同时也为水族的母亲过上一个祝福的节日。

节日这天，儿童都穿上新衣服，戴着新帽子，打扮得红红绿绿，花枝招展。帽幅上的银铃、银链和银花叮当作响。他们手提竹篮，成群结队挨家逐户地去接受大人们给的节日礼物——糯米粑、糯米花、粽子及糖果等。大人们总是热情接待他们，祝福他们快乐成长。村村寨寨的儿童都沉浸在节日的幸福之中。

相传很久以前，气候炎热，瘟疫流行，许多小孩早殇，人丁不旺，水族人口繁殖面临巨大的威胁。人们正在一筹莫展之际，地母娘娘（水语“妮杭”）在四月丑日这天来到凡间，用红纸剪成许多小孩模样，趁夜深人静的时候，悄悄塞进女人的怀里，使她们受孕得子。为了感谢地母娘娘赐予儿女，使水族能够繁衍生息下去，人们便在水历四月丑日这一天摆设供品酬谢她，以后就发展成了一个节日。这个节日以恒丰乡和勇村的吴姓水族过得最为隆重，可以说是这一地区水族的节日盛典。

节日这天妇女儿童会受到特别的优待，所以人们又把苏宁喜这个节日称为“妇幼节”。祭祀由家中年长的妇女主持，祭毕，所有祭品归家中妇女儿童享用，男人只“靠边站”。不仅如此，平常再凶恶的男人也不在这一天打骂老婆孩子，否则就会得罪地母娘娘，招来祸患。

母亲虔诚地祈求神灵保佑孩子健康成长（图/包晓闽）

另类的雩祭遗风——水族敬霞节

水族的霞节，就是祈雨的祭祀活动，颇似古代中原的雩祭。《说文解字》："雩，夏祭，乐于赤帝，以祈甘雨也。从雨，于声。"

水是生命之源，水又是靠下雨提供的，原始人极早地认识到了雨的重要作用，促进下雨和祈求下雨的巫术仪式也便应运而生。到了农业经济时代，雨的需求更为迫切，求雨仪式也趋于隆重。

古人用猪祭霞，有两种含意：其一，猪在十二生肖中属水；其二，猪产崽多。水族的祈雨活动叫"敬霞"，应该是沿袭古人称猪为"豭"取其谐音的缘故。现在水族一些青年人下河洗澡，彼此间戏水，也叫"霞""洒"。

历史上，水族各村寨都有这种祭祀活动，但由于多年历史变革，现仍保留敬霞祭祀活动的仅有三都县的九阡镇和扬拱乡两个地方了。九阡镇的大寨"霞坡"，是每十二年（即以十二地支的周期）举行一次，扬拱乡扬拱村的"霞坡"则是每六年举行一次。

祭霞的基本内容及程序为：酉日凌晨秘密挖出掩埋的"霞神"——上一次敬霞节时秘密埋入地下的异形怪石，用红布包裹，等吉时送往主祭场；祭祀霞井，迎请圣水到霞山主祭场，挥洒水祝福；以黑色的发情老母猪作为牺牲品，献于霞井主祭旁；上午10点，各"霞宗"（一般是一个家族村寨为一个霞宗）头人、水书先生及本宗男女老少，抬着祭品，打着铜鼓、挥动竹匾或长柄水瓢，一路吆喝、洒水向霞井主祭坛进发；各霞宗向霞坛献祭大块猪肉及酒坛；主祭师在主祭场施祭，边念诵祭辞边揭开霞神石，手举鱼笼的仪仗队随主祭师绕着祭场洒水，祈求霞神保佑风调雨顺；众人抬着母猪游串稻田，借以娱神；主祭师再念诵祭辞，祭杆上的红公鸡也应时高声啼叫，众人又一次用水瓢、竹匾舀水，欢呼"下雨啰！下雨啰！"；千名盛装妇女歌手挥舞巴茅草，吟唱水歌祭田；敬霞的最后一项活动，是各霞宗的父老们以酒敬霞，用水瓢舀酒从霞神的头部往下不断浇灌，表示霞神答应一定上天求雨，整个仪式才告结束。

用红布包裹着"霞神"——似猪非猪的异形怪石，举行隆重的敬奉仪式（图/潘朝霖）

水田戏猪是敬霞节的传统娱乐项目（图/潘朝霖）

离世乃人生的一出大戏

水族有很多特别的丧葬习俗

流传至今的古老丧俗

重视悼丧，是水族众多习俗中保留原始信仰较为全面的一种活动，民间有“轻生重死”或“重死不重生”的说法。程序大致分为报丧、入殓、择吉、安葬、立碑、除服六个阶段。如有人过世，要迅速通报同宗村寨及有血缘关系的亲属。女丧一般要待其外家来探视之后才入殓。

凡是同族之人不论谁死，不论相距多远，其他人一旦知道都自觉忌荤。而丧家的三家六房则要求更严，凡是棺木未入土之前或不在墓地所杀的牲口，都不能沾口。有的在安葬结束过了三朝才开荤；有的在开荤前要杀一只鸡念咒，取其血冲水漱口才开荤；有的要敲一只小狗来念咒驱邪，每个人吃一块肉之后才开荤。

水族认为丧事处置不当会招致凶祸，往往要请水书先生来择日安葬。安葬分便葬、急葬、浅葬、深葬四种形式。过去，每个血缘系统组成的村寨都选择一块吉地作公有墓地，并多植枫树及竹子。

悼丧活动称为“开控”，根据其规模大小可以分为小控、中控、大控、控腊等。小控就是扎些简单纸伞、旗幡等上坟，请一队芦笙、唢呐吹奏，并杀一两头猪或一头牛，打些豆腐来祭奠并待客。其他类型规模渐次加大、耗费资财增多、时间延长。小控、中控多为一般人家采用，而大控、控腊过去多为富有的地主家庭所采用。

清代至民国年间，水族地区的开控悼丧发展到了高阶段，对经济文化发展都有深刻的影响。悼丧需要唱丧歌，雕刻石碑，制作龙、狮、鱼、虾、香亭等各种纸礼品，演出芦笙舞、斗角舞等等，这样便产生了职业性或半职业性的歌手、器乐手、雕刻匠人和纸扎工艺匠人。另外，丧葬对汉文化的输入和小商贩的经济贸易发展也有不可估量的影响。

水族葬礼有一整套习俗流程(图/韦毓祥)

水族墓葬石雕，不朽的石刻艺术

水族人聪明智慧，石刻技巧高超。水族的墓葬石刻，堪称世界一绝。

水族墓葬有两个本质特征：一是墓葬能寄托对死者的尊敬与怀念，二是墓葬能反映死者生前权力地位和财富状况。2006年贵州省文物考古研究所，对荔波县玉屏镇水浦寨水族石板墓进行考古发掘，通过挖掘，基本摸清了水族墓葬的发展演变关系，从干栏式石墓到长方形石墓再到圆形石墓。石板墓是水族地区的古老墓葬，主要集中在荔波水浦、水龙引朗、塘州牛洞、九阡石板寨等地。20世纪80年代初有些石板墓就被列为省级重点文物保护单位，但是，由于年代久远，缺乏管理和保护，大多数石板墓遭到不同程度的破坏，随意将石板抬来用作水缸、砌墙、铺路、架桥，砸坏等现象比较常见，各级政府如何保护好这些墓葬及石雕艺术作品，是深入研究水族地区历史、经济、文化、民俗的一个重要议题。

民国年间的大型水族墓群（图/罗春寒）

三都县塘州拉下村明代水文碑拓片(图/蒙耀远)
水族墓碑有水文碑和汉文碑两种。目前水族地区最早的水文碑是发现于三都县塘州乡拉下村东边的一通明代墓碑(现藏三都县文管所),距今约500年。整个墓碑分碑座、碑身、碑帽和碑顶四个部分,以图文并茂的形式,展示出一幅全面反映古代水族社会丧葬习俗的画面

水族石雕艺术主要反映在组合型石板墓立板、墓顶装饰,复合型墓葬墓碑以及墓碑建筑檐、柱、梁构造与装饰等上面,采用了常见的圆雕、浮雕、透雕、平雕、刻线、彩绘浮雕等多种表现手法。

水族墓葬石雕几乎布满了吉祥的图案和符号,吉祥结、盘龙、长凤、文字、暗八仙、双狮、莲花、石榴等,寄予了民众美好的理想与追求。墓葬雕刻中描绘生活场景的画面也很多,内容十分具体,情节生动,构图和造型合理。

马是水族人非常喜爱而与之感情特殊的动物,既是主要的交通运输工具,也是崇拜的吉祥之物。自古以来水族与马就有不解之缘,日常生活、传统民间习俗、逢年过节都离不开马,直至今天许多习俗仍与马紧密相连。马的造型与装饰纹样出现在墓葬石雕装饰中以示吉祥,同时也取了马极为广泛的美好寓意,“马到成功”“马上封侯”“八骏马”等等。马的生动造型不仅存在独立形象,还有综合表现的形象,有驰骋奔腾的野马,有温顺亲和的驯马,还有搏斗善战的战马。

中国历代墓葬都有石狮护陵守墓镇邪的习俗。明王朝通过军屯、民屯、流官等传播形式,将石狮造型艺术与石雕匠人引进贵州山区,同时也带来了优秀的中原文明。现今考察到的水族地区石狮造型与中原、江西、安徽等地石狮基本相同,明显是汉文化影响的结果。由于水族地区本地工匠大都没有见过真实的狮子,在没有石狮图样蓝本的地方,有些墓葬石雕的石狮雕刻是凭传说和想象来雕刻的,有些石狮雕刻造型显得抽象,形态各异,也正因如此,使水族石雕艺术的石狮造型具有了本民族文化的一些审美特征。

“阴阳鱼”与“生命树”是比较多见的造型,均为浮雕形式表现,构图饱满,轮回不止的阴阳鱼和果实

三都县三洞乡水根村的墓碑，其雕刻的精细程度堪称典范（图/罗春寒）

丰硕的生命树，蕴含浓厚的祈求长生和延续生命的潜在思想意识，表现了一种原始状态的、洋溢生命和生殖活力的深刻含义。

以乐舞为主题表现的人物也不少见，有载歌载舞的迎亲送嫁场面，有牵手群舞的踏歌舞蹈场面，还有手持利器的猎舞群像。另外，八仙、麒麟、蝙蝠等图案造型在水族墓葬石雕中也出现较多，它们所代表的寓意不仅是我国民间普遍认同的一个良好愿望，同样也是贵州水族人最纯朴的符号化了的理想和愿望。

食不离酸，无酒不欢

在饮食习惯上，水族有自己独特的嗜好

糯米是水族地区的土特产

历史上糯米是水族社会极为重要的主食。糯米具有筋道足、耐饿、便于野外携带、不易变质等特点，符合人们追求的饮食目标，糯米继而被固化为民间信仰和宗教巫术仪式的主祭品。

重大日子，水族人都要煮糯米饭作为待客上品，或馈赠亲友。出远门时，也习惯煮糯米饭带在路上当干粮。在三都县水龙乡还出产一种"香糯"，蒸在甑里，米香扑鼻，取之食用，既香且糯，味美无比，产量有限，十分珍贵。

明代以前水族社会普遍以种植糯稻为主，明洪武年间，大量江南汉族到贵州屯田戍边，他们带来江南地区先进生产技术的同时，也带来了产量更高的黏稻品种，交通干道沿线的水族地区开始大量种植黏稻。现在，大米已成为人们日常生活的主食，糯米由于产量少，只在节庆、婚丧嫁娶、营造及宗教祭仪中作为供祭品出现。

最受欢迎的家常菜——酸汤

水族人普遍爱吃酸。嗜酸的原因，除自然环境（空气潮湿，酸辣结合有助于散发体内的风寒湿热）与社会环境（旧时山区少盐，腌制酸菜可以酸味代盐）等原因外，也与人们爱吃黏软难消化的糯米饭有关，吃酸有助于消化。

水族地区"酸"的主原料是新鲜的红辣椒。制作时，先将鲜红辣椒切成碎末，拌上适量的生姜、盐、甜酒等，然后一起放入坛内腌制。制成之后，只要不粘上动植物的油脂，经常补充坛盘水，可以保存两三年不变质。其味既酸且辣，风味独特。用这种"酸"煮成的菜叫"酸汤"，食之开胃爽口，增加食欲。

以120味中草药酿酒

在水族家庭中，酿酒由妇女负责操持，整个过程不允许男人、孕妇及经期的妇女在场。

酿酒的关键在于制曲。制曲药物的采集，须根据水书择日进行。当天一早，采药的妇女们，在一位老妇的带领下，结队面朝太阳升起的方向走去。老妇采下第一味药材，这味药材不论药性如何，都将作为药引使用。之后，妇女们按组分开，到各处山坡去采集其他药物。采集者须根据植物的雌、雄特性，用嘴尝试药物的酸、甜、苦、辣等不同味道，以便准确采集到所需的药物。

采满120味药物之后，同样要选择吉日来集中制曲。先将所有采集来的草药舂捣成泥浆状，再置于大铁锅中，大火烧开，细火慢熬两个小时。用来熬制汤汁的水源非常讲究，如果选用井水，则所选井中须有水草，井底有细砂，水中有鱼虾；如果选用溪水，则溪底须有鹅卵石和细砂，水质清澈见底，水体中有鱼虾。选择什么地方的水源来制曲，以后酿酒时，也须用该地方的水源酿酒，才能酿成上好的酒。

熬出汤汁之后，老妇统一分配给各户人家制曲。水族传统观念认为生物世界之所以生生不息，万物随阳而终，复随阴而起，皆因雌雄相配，阴阳相合。酿酒是生物资源的生命转化和再造过程，因此，要想酿出好酒，

尊敬的客人啊，请满饮这杯酒

饮酒是水族社会的饮食文化传统，民间有“无酒不成礼仪”之说。喜庆节日或贵客登门时，主人为表示对来客的尊敬和迎客之隆重，一般要在距离家门不远的必经路口设一张桌子，摆上酒杯。待客人到来时，主人一方以歌起式，请客人饮酒三杯，来客必须以歌作答，感谢主人的热情相迎，饮三杯酒之后，主客一起牵手进屋，是为拦门酒。

到客人将要离去时，若主人发现来客中尚有多数人酒意不足，则由妇女们在出村的必经路口牵出一根稻草绳，准备大钵水酒和大块肥肉侍候。未有醉意的客人须每人饮上几碗水酒和吃上几块肥肉，方得脱身上路，最好是大醉而归，是为拦路酒。

无论是拦门酒还是拦路酒，最终目的只有一个：表现主人的热情好客。

热情好客的水族人在村寨门口摆下迎客之仪（图/视觉中国）

酒曲也必须阴阳相合。所以，每户人家无论制曲数量有多少，都必须使酒曲坨数成偶数，曲坨小而圆的代表雄性，曲坨大且一面扁平中间有凹陷的代表雌性。

做好曲坨之后，在老妇的指挥下，选择一户人家的一间仓禾空房，将曲坨按一雌一雄的原则密集地摆在稻草上，锁上房门，待其发酵长出霉菌时，村里人各自将曲坨拿回家晾晒、存放和使用。这种用120味中草药所制成的酒曲，尤耐存放，而且存放时间越长，酿出来的糯米酒越好。

九九重阳前后，人们选用当年出产的黑糯米为原料，放入之前做好的酒曲酿成酒，以陶质酒坛密封，埋入地下或放进山洞里长时间窖藏，时间越长，酒味越好。这种酒色泽棕黄，状若稀释的蜂蜜，晶莹透亮，香味馥郁，清甜爽口，适量饮服，能助兴提神、舒筋活血，水族人将之称为“九仙酒”。由于主产地是三都的九阡地区，故民间多称为“九阡酒”。

还有的人家在坛子里加入橙子皮、梨子片、山楂等各种新鲜水果和菊花、桂花等花瓣后，以草木灰混和田泥密封坛口窖藏，待第二年重阳节到来之时才开坛饮用。重阳酒甘甜醇香，是招待贵客之佳酿。

1959年国庆十周年时，三都水族自治县第一任女副县长蒙世花，代表贵州少数民族向毛泽东、周恩来、朱德等党和国家领导人敬酒。毛泽东主席在品尝甘醇的水族糯米窖酒后，连称“好酒”，要求“再来一杯”。这一情节被水族民间传为佳话。

水族的酿酒技术用120味中草药制曲，集发酵和蒸馏工艺于一身，不但富含水族先民关于自然、关于人类社会发展的朴素的哲学观念，也蕴藏着他们长期生产实践总结出来的本土生态知识与智慧，是水族重要的非物质文化遗产。

水族第一名菜：鱼包韭菜

鱼是水族人民祭祀祖先、过端、待客的席上不可缺少的必备佳肴。而用独特方法烹制的“鱼包韭菜”则是水族的第一名菜，具有浓郁的民族特色和奇特的文化内涵。

关于“鱼包韭菜”水族群众有这样优美动人的传说：水族的祖先原来是居住在江河湖海边上，一日三餐食鱼虾。由于洪水成灾和战乱，疾病像阴云一样笼罩着水乡大地，他们被迫向黔桂边界迁徙。临走前先祖们采集了九种草药和鱼一起制成了一种能治各种疾病的良药并作为路上的食品。后来他们定居在云贵高原南坡的都柳江和龙江上游。随着岁月的流逝，用九种草药和鱼制成能治各种疾病的药方失传了。水族人民为了表达对祖先的怀念，就用韭菜代替失传的九种草药，制成了佳肴“鱼包韭菜”来祭祖、待客，并相传至今。

制作水族名菜——鱼包韭菜（图/包晓闽）

选用1—2斤金秋收获的稻田肥美的鲤鱼或草鱼，不刮鳞，去鳃后沿背部剖开，但腹部相连。除去内杂后清洗干净，抹上醇香的九阡酒，拌上荸葱、大蒜、生姜、糟辣，加上少量食盐，然后再将洗净的宽叶韭菜、广菜充填在鱼腹内，将两半鱼合拢，用糯米稻草扎牢，放入大锅内清炖或大甑子中清蒸，约几个小时后，到鱼骨疏软菜鱼合味时即成。食用时，除去糯米草，伴以佐料冷吃或放入火锅中热吃均可。

“鱼包韭菜”味道酸辣鲜美，鱼肉细腻柔嫩，鱼骨酥脆清香，烂而不糜，香而不浊，即使在大热天搁置三五日也不会变味。

“鱼包韭菜”蕴含着水族人民创造的丰富的物质文明和精神文明内容，又有着独特的烹制工艺、特殊的风味和食疗功能。

撰稿专家

罗春寒，水族，贵州省黔东南民族职业技术学院教授。

《水族风俗志》

扫描二维码，
阅读专家代表著作的电子版

勤劳的水族人民创造出独树一帜又特别适宜山地环境的梯田稻作农业文明(图/三都县委宣传部)

第4章

依山傍水安居处　和谐生息应自然

稻作文明

本章主撰稿人：贵州省民族研究院副研究员　韩荣培

在中国经济文化类型分区中，“稻作型文化”的分布，西端从云南中南部向东经广西、贵州、湖南、广东、海南、台湾、江浙到东北吉林延边地区，构成一个大弯月形地带。

贵州正好处在弯月形的厚重地带，是丘陵稻作型文化的重心区域。而今天水族人口聚居的区域版图，又正好处在贵州丘陵稻作型文化区的中间位置，森林密布，山水如画，适于农林业的发展，是贵州高原传统的稻鱼文化区。其水稻种植与干栏形式建筑的完美结合，成为丘陵稻作型文化的典范。

水族主要聚居于云贵高原东南部苗岭山脉以南的都柳江和龙江上游，山多地少，素有“八山一水一分田”之称。水族先民依山就势，沿山开发出层层梯田，使本族人口得以生存和发展，生生不息，延续至今。

因为地处山区，没有江河湖泊的灌溉便利，而种植水稻又离不开水，所以水族同胞十分重视山区生态环境的保护，自觉维护山区的生态平衡。凡是山腰、山脚有稻田的地方，山上一定是郁郁葱葱的森林或草地。

骆越时代水族先民就是“稻田养鱼”文化的倡导者。渔猎经济时代水族先民学会了营造鱼类习性觅食和产卵的人工环境。骆田农业产生之后，稻作农业生产所附生的大量微生物和水草，正好是鱼类最佳的饵料，成为鱼类觅食最佳的人工环境。利用骆田从潮水或仰潮水的人工浅水环境，驯养随潮水而来的野生鱼类，孕育了水族稻田养鱼文化的雏形。

水族人世代与自然和谐相处，摸索、积累了丰富的农耕经验，创造了灿烂的农耕文明，也衍生出一系列与农耕文明相一致的风俗与文化。

“种稻似湖湘”：达到传统农业技术先进水平

水族人口聚居区成为丘陵稻作型文化的典范

早在先秦就从事稻作农业

有观点认为，水族的远祖是由中原“骆人”的一部分与古代岭南百越族群中的一支组合而成。骆人自商代末由中原南下时，曾在广东茂名、湛江至雷州半岛一带做过一段时间的停留，随后沿珠江流域的西江溯流而上进入广西西部邕江流域，融入骆越社会中心地区，居住在左江流域以巴虽山为中心的江河沿岸台地。

骆越时期的水族先民主要从事“骆田”农业生产。骆田是利用江河潮汐的涨落规律经营河床台地淤泥水稻农业而得名。骆田依河道分布，据水而成，是潮水两边的洼地或沼泽之地，这些淤泥之地富含随潮水冲刷而来的大量腐蚀质和有机养份，土质肥沃，特别适宜于稻作农业的生产。水族古歌描述骆田的情景：“山坡少，田地无边，四周开成田，中间让水淌，多条江流到这里，平地边就是海洋。”骆田农业在那个时代是一种比火耕水耨更加节约劳动力和减少劳动强度的生产模式。从事骆田农业生产，使水族先民获得了土地开发的丰富经验，这为后来他们从事山区梯田稻作农业生产，积累了厚重的文化智慧。

上古水族社会在进入原始农业文明之前，曾经历了漫长的渔猎与采集经济时代，生长于江河浅湾处和河谷平川之地湿润地带的野生稻，是人们采集的主要目标。在长期的劳动实践中，水族人认识到适量的水对于稻类生长的重要性。稻子必须在湿润的土壤里生长，但过高的水位不但会淹没秧苗，使土壤温度降低，还会使作物失去光合作用的条件。所以，水族人创造出“四周开成田，中间让水淌”的骆田开发格局，“中间让水淌”是当时人们调节水位的重要手段，干旱时，引入附近的山泉灌溉，暴雨泛滥时，通过中间的沟渠将多余的水排入江河。这种经营模式应是后世水族社会农田水利的雏形。

形成水田精耕细作技术体系

公元前200年上下，受秦伐岭南的战乱影响，水族先民离开巴虽山向黔桂边境迁移，在告别了左江流域地势平坦、水源丰富、土地丰腴的稻作农业生产之地后，面对黔桂边境高山大岭和青山密林，他们实际上有许多重新选择生计方式的机会，但骆田农业的经历，使

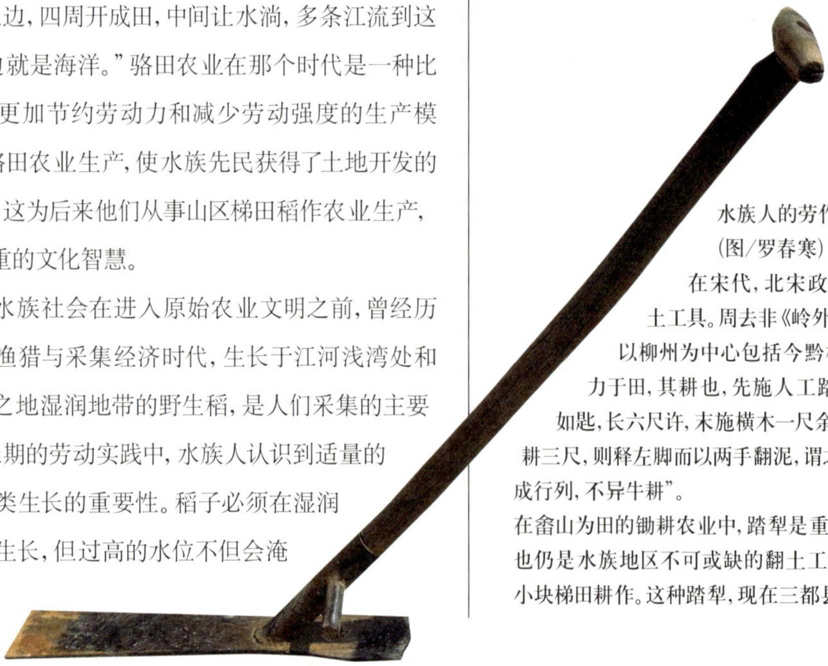

水族人的劳作工具——翻撬
(图/罗春寒)

在宋代，北宋政府曾两次推广“踏犁”翻土工具。周去非《岭外代答·风土门》记载：当时以柳州为中心包括今黔桂边境的广大地区“民颇力于田，其耕也，先施人工踏犁，乃以牛平之。踏犁形如匙，长六尺许，末施横木一尺余，此两手所捉处也。踏，可耕三尺，则释左脚而以两手翻泥，谓之一进。迤逦而前，泥垄悉成行列，不异牛耕”。

在畲山为田的锄耕农业中，踏犁是重要的劳动生产工具，现在也仍是水族地区不可或缺的翻土工具，尤为适应山地环境的小块梯田耕作。这种踏犁，现在三都县一带汉语称为“翻撬”

水族人是种水稻的行家（图/包晓闽）

水族先民义无反顾地开疆辟土，在山地生境中畲山为田，创造出独树一帜又特别适宜山地环境的山区梯田稻作农业文明。

水族先民畲山为田的时代，大约从汉代开始，直到宋元明清时期。宋代史籍记载，水族先民“抚水州蛮”的农业生产分为两种模式：深居大山腹地的人们，主要经营“畲田农业”，“不以牛耕”，是一种劳动强度极大的“锄耕”山田农业；而居于河流两岸平地或低洼平旷之地“夹龙江居”的人们则“种稻似湖湘”。

宋代湖广是中国经济发展的中心地带，“湖湘”正是湖广的重心之地，也是当时中国稻作农业主产区。水族先民“种稻似湖湘”，说明当时水族地区农业生产技术已经达到了中国先进水平。这一时期，也是我国古代精耕细作农业的扩展时期，农业技术最重大的成就是南方水田精耕细作技术体系的形成和推广。

耕地开发的三大原则

水族人民在多年的耕作中总结了三大原则：

一是适度原则。这是山地环境条件下，水族耕地适度开发的经验总结。台湾人类学家简美丽认为：“月亮山及都柳江流域地区的侗、水、苗、布依、瑶等民族，只需要开垦他们土地总面积中的5%—10%作为耕地，就足以满足这块土地上所有人口对于食物的需求，这是一种具有典范性的尊重自然并修理地球的农业。”

二是霜降线原则。霜降线指立秋之后第一次霜降的海拔等高线。月亮山及都柳江流域的高海拔地带，受高地气候及森林植被的影响，海拔每升高100米，气温则下降摄氏0.6度，稻类生长所需的积温期要比河谷坝子长。高海拔地带的稻谷灌浆期多在立秋前后，稻米

水族人民在村寨周围开辟了大量适宜种植水稻的梯田（图/包晓闽）

灌浆期间，如果受霜降的侵袭，则稻米的成胀率低。因此，水稻农业被自然规律限制在霜降线的等高位置下。现代科学测绘表明，贵州中、东部受霜降线的影响，山区梯田籼稻农业生产，一般只能在海拔1300米的等高下线进行，西部乌蒙山地区的粳稻农业生产则可以在1800米的海拔等高线下进行。

三是林粮生态分界线原则。由于受霜降线的影响，不同独立山体分布的最高梯田，均处在同一海拔位置线上，使水源涵养林与农业生产带之间形成一条明显的生态分界线：分界线之上是天然的水源涵养林带，间或有少量人工针叶林地，但绝无耕地；分界线以下则是成片的梯田；多数村庄正好位于生态分界线上，形成依山面田的住居分布格局。农业生产带内，山地的缓坡面是梯田，陡峭面是天然植被，粮地和林地之间形成条块分明的布局。

这种带状明显、条块分明的生态田园文化格局，是水族传统文化适应自然的结果，也是文化调适之后，水族农业生态文化智慧对自然模塑的必然。

水族对稻田的分类

分类标准	名 称	特 点
梯田与非梯田	坝子田	也称“岭下田”，是指河谷台地两岸和山间小盆地的水田，地势平坦，耕作便利，是稻作农业生产首选之地，灌溉主要以江河引流或提水灌溉为主。由于水资源丰富，坝子田成为“稻田养鱼”的富产区
	山岭田	即梯田，也称“岭上田”，位处山坡之上，其周围多为天然植被环绕，以就近的森林水源实施自流灌溉
农田休耕期的管理方式	炕冬田	秋收之后不进行翻犁过冬的“板田”，“炕冬”亦称“晒田”
	泡冬田	秋收后进行翻犁并注水泡冬的稻田。“泡冬”是水族对稻田进行保养的一种方式，主要针对土质较易板结的稻田进行。泡冬期间，稻田要施放一定的农家肥或第二年春耕时施以秧青肥，以改变土壤板结之状况。泡冬田，也称“水泡田”
秋收后水位	塘田	秋收后加高水位用以养鱼的水田。水族家庭一般在住屋附近或村寨旁边开挖一口小鱼塘，用以屯养“稻田养鱼”收获中的大尾鱼类，以方便捕取，小鱼儿放入塘田养殖，作为次年放养的鱼苗；没有鱼塘的人家，则大小鱼儿均放入塘田之中混养。塘田在屯养鱼类期间，多施以适量农家肥或作物秸秆，以保证鱼类过冬的觅食之需
	干田	稻米泛黄之后就开沟放干水源的稻田，秋收后翻犁碎土，然后开沟起垄种植小麦、油菜、冬季蔬菜、春洋芋，有的则种植萝、绿肥作冬季牲畜的青饲料
梯田位置	向阳田	位处山体缓坡面，由于受阳光照射的时间较长，水体温度较高，多以种植粘稻为主
	背阴田	位处山谷或山坳之中，由于受山体和山林的双重遮挡，受阳光照射的时间较短，水体温度较低，只能种植糯稻

充满智慧的稻田经营管理

作为稻作民族，水族的稻田经营管理有着丰富的内涵，积累了大量的乡土智慧和经验。

水族的稻作品种分黏稻和糯稻两大类，半高山地区兼有少量旱稻品种。黏稻主要种植于低海拔地带的坝上田或岭上田的向阳田中，传统品种计有50多个。每个家庭每年有选择性地种植3—5个品种，并经常地轮换种植，以保证不同品种的有效传承和单位土地面积的粮食产量。传统糯稻品种主要有麻谷糯、黑壳糯、大园粒糯、香禾糯等近50个品种。荔波县茂兰镇水庆村2007年时，仍有各种传统糯稻品种44个，其中摘糯31种、打糯13种，很多都已经属于珍贵品种，水庆村是迄今人类学田野工作者所发现保留糯稻品种最多的水族村寨。

“瘠地选种、肥地育秧”是水族人总结出的地方性选种知识。就文化多样性而言，这也是水族社会的稻作农业智慧对中国农耕文化传承发展的贡献。瘠地选种，即在没有稻瘟病、没有病虫害、稻穗成胀率好但土质稍显贫瘠的稻田中选取那些成胀率特别饱满的稻穗作种子。同等条件下，选用海拔位置最高的稻谷作为种子，也是选种过程普遍遵循的原则。传统农耕时代，这一选种原则维系了水族稻作农业的传承与发展。

水族地区的田土翻犁有两犁两耙、三犁两耙、四犁三耙、两犁一耙等形式，由于水源宝贵，出于水源管理的需要，梯田多一次犁耙可以使稻田更加保水。在低洼地带的深脚淤泥水田则实行一挖一耙的耕作方式，这种方式是骆田农业时期的文化遗留。

水族稻作农业生产传统上主要以农家肥和秧青肥为主。都柳江流域中下游的水族地区，多数梯田位处深山密林中，人们习惯在耕地的周围辟出一片面积为耕地一至两倍左右的浅草地，并在地边一角搭建一个牛房，牛房既是人们平时生产的临时炊饮和休息之所，也

水稻秸秆可以作为家畜的饲料，也可以用于燃料，而产生的动物粪便和草木灰又成为最好的农家肥，循环利用（图/视觉中国）

是生产和积畜厩肥之地。在生态层面上浅草地反映了水族传统稻作农业生产在开发和利用自然方面的多项生态智慧。其一，开发浅草地时砍伐掉高大树木，使梯田获得了足够的阳光直射机会，保证了水稻生长期间的光合作用条件；其二，浅草地的开辟，实际上成了人工营造的鸟类理想觅食环境，吸引鸟类以稻田为中心在浅草地周边啄食从山林中扑向稻田的蝗虫、山鼠和蛇类，阻断虫蛇对稻鱼的侵害；其三，夏季关畜喂养积肥期间，人们待青草丰茂之后，将耕畜牵入牛房之中，就近割草喂畜和积肥，割完这片青草之后，又将耕畜赶到下一个牛房喂养，这样青草地上每年产出的厩肥与作物秸秆一起所形成的农家肥，刚好足够对耕地进行施肥，既不过多破坏自然生态，又较大限度地减轻劳动强度。多数人家在秋收时也将粮食就近储存于牛房内，食用时，才运回村寨。这种模式，特别适宜于山区环境中的稻作农业生产经营，在人类学的意义上是水族传统稻作农耕文化适应自然环境的结果。

农事生产的领军者——“活路头”

传统农耕时代，在荔波、三都两县的水族原居地地区，由于聚族而居的缘故，大家不分先后同居一地，对当地自然物候和季节变化的了解程度相同，因此，春耕生产可以较灵活地由各个家庭或家族宗支自由掌握；但明清时期，由原居地外迁到榕江、从江的月亮山腹地和都匀地区的水族，由于迁徙定居的时间有先有后，观念上人们认为先到者对当地气候变化和季节更替更为熟悉，农事生产以他们为范式，更能获得好收成，故大多流行“活路头”制的农耕习俗。

劳作之前要举行仪式（图/韦毓坤）

在盛行“活路头”的地方，村社的民间纠纷，主要由寨老调解和裁决，并组织议事、祭祖、节日庆典等村寨的大型活动，但农事生产须由“活路头”来率先进行。

“活路头”是农事生产的率先示范执行者，在动土、下种、插秧等重要生产环节，由他带头开工。水族村寨可以有一个或几个寨老，但寨老不世袭，通过村民的自然选择而产生。“活路头”则每个村寨只有一人，并实行世袭制，可以子承父职代代相传。“活路头”是当地的最早迁来者或开发者，民间认为，他们比别人更了解和掌握当地的气候变化和季节更换。因此，由其率先示范执行农事生产，可以不误农时。山区环境条件下，不同海拔高度的同一类物候变化不一样，不同海拔地带的农事季节时间也有先有后。“活路头”大多根据住居周围和生产环境中最稳定的物候规律来判断气候变化和农事季节的更替，从而指导当地的农业生产。

栽秧是稻作农业生产的重要环节。在盛行“活路头”的地区，要举行隆重的“开秧门”仪式，届时“活路头”准备一只公鸡、一块刀头肉、一壶酒和一盆糯米饭到举行仪式的田边摆好，村中每户人家各出一名成年劳力（不论男女）携带少许酒肉前来将供品摆在祭祀案桌周围，“活路头”在做出相应祷告后，首先下田栽下第一蔸秧，随后众人一齐下田，随“活路头”将整块田的秧栽好，仪式即告完成。之后众人与“活路头”在田边共享酒食，第二天，各家便可自行安排栽插事宜。

在三都拉揽乡的排烧村一带，至今还流行水、旱两种“活路头”制度，“水活路头”主事水稻农作生产，“旱活路头”专管旱地农作物的生产。这表明水族的“活路头”制度来自遥远的畲田农业初始时期，因为直到今天为止，水族社会的梯田开发仍然遵循先旱地后水田的经营模式。

严格而高效的水资源分配制度

只在有水源的山坡下开垦稻田，并按照“林、粮”生态分界线实施严格的生态保护，以保证稻作农业和稻田养鱼获得生产的水源，这是水族社会的土地开发模式；但并不意味着耕地可以无限制开发，水源流量的大小，是耕地面积开发的重要参数。

水族社会认为水资源是公共资源和生产资料。传统农耕时代，水族地区没有水利工程，通过“分水口”制度使有限的水资源得到公平的分配，是农业生产的重要措施。都匀内外套地区的水族口述历史表明，水族农耕生产的“分水口”制度，至晚在明代初期就已盛行。

在通常情况下，如果一片梯田只属一个家庭所有并拥有可自行支配的单独水源，则不存在分水的情况。如果梯田分属两个或两个家庭以上并共享一处水源，则必须设立分水口进行水源分配。

分水的方法是将耕地面积十等分来确定“分水口”分水的刻度，刻度越多，所获得的水源流量越大。“分水口”一经确定之后，不再更改，新增的耕地面积不能再从“分水口”那里获得水源分配。“分水口”是梯田稻作民族在应对水资源紧缺方面的文化发明。这一制度昭示生态保护的重要性并警示人类在土地开发方面必须要有节制性。

通过分水口进行水源分配，如果发生在不同村寨之间，涉及多方利益，那么当事双方或多方会邀请地方头人和寨老参与共同设立分水口，以示水源分配的公正性和权威性。任何一方违反，都将遭致各方严厉的罚猪、罚酒、罚粮的习惯法惩处。

始建于明代的三都县羊福乡“长堰沟”，是目前已知水族地区最早的水利工程，长3500米。

水井是生活的必需品，祭井也是水族人重要的民俗活动之一（图/韦毓坤）

水庆村：一个传统与现代结合的农业社区典范

水庆村地处贵州荔波县茂兰喀斯特世界自然遗产地西北延伸地月亮山的次山峰，位处都柳江和樟江上游的分水岭，村委会所在地海拔676米。村境总面积55平方千米，由11座独立孤峰构成其区域地理框架，地貌呈现为峰峦叠嶂的喀斯特峰丛漏斗及峰丛洼地景观。气候属中亚热带季风湿润气候区，四季分明，冬无严寒，夏无酷暑，日照充足。

水庆村有7个自然寨，以拉歹山峰为中心依山分布。虽然分散而居，但水庆村的内部基层组织结构非常稳固，人们相互换工轮流共耕、发展农业生产，集体采药制曲、共同酿酒，协作营建住屋、举办红白喜事，家庭邻里之间互惠关系明显。

水庆村歇山顶式的干栏式建筑，根据当地气候条件进行适应环境专门设计，住屋两端的三角形通风孔道利于夏季散热和降低屋内湿度，粮仓与住屋分离，既有效防火，亦足见当地民风古朴，路不拾遗。

峰丛之间的洼地溪流弯曲回环注入拉歹河，拉歹河自西北向东南纵贯村境，其上源与两座水库相连，构成水庆村的水资源环境。河中水草青幽，鱼虾游戏其间，滋润两岸农田，世代养育水庆的水家儿女。沿河两岸有数百棵成排生长的枫树，为使农田获得足够的阳光直射条件，千百年来水庆人有意砍掉枫树上部的高大枝干，将这些枫树整护为树干不高、横枝发达、根粗枝细、盘根错节的生态防护大堤，下防洪水，上防风吹。登高远望，拉歹河和两岸的枫树林宛如一条绿色长龙环绕着水庆的村野农田，与山峰上独木成林的黄枝油杉、短叶黄杉、福建柏、华南五针松等高大乔木遥相呼应，构成一道美丽的自然山水风光。

孤峰之间由大小不一的缓丘相连，水庆的在册耕地即主要分布在这些缓丘上，共1160亩，主要用来种植杂交籼稻品种，以保证种植收入和人均吃粮水平。水庆人还自主开荒约1000—2000亩耕地，多分布于孤峰山底和峰丛洼地谷底，多用来进行传统糯稻种植。水庆村的糯稻品种具有高度适应环境的能力。在44种糯稻中，有25种是耐阴、耐水淹、耐冷的品种。糯稻产量虽然不如杂交水稻产量高，但种植糯稻不需要太多的田间管理，劳动力投入较小。

值得注意的是，这些晚熟的糯稻对维护水庆村乃至樟江与都柳江上游的生态系统具有不可忽视的作用。这些品种有很强的保水和蓄水能力，以55厘米的浸泡水位计算，整个水庆的糯稻田相当于一个蓄水能力为60亿立方米的大型水库。

月亮山腹地的村寨与梯田（图/视觉中国）

人养山、山养木、木养水、水养田、田养鱼

生生不息的生态农业循环

新谷鲜鱼双丰收

水族社会的稻田养鱼，产生于骆田农业文明时期。水族先民历史上曾长期生活在广东、广西邕江流域的江河湖海之滨，而邕江流域也正是中国野生稻集中分布的重要地域。野生稻“临水生发”的特性，以及水族先民“傍水而居”的生活方式，都支持水族先民在原始农业产生之后，仍然以“水之滨”为其主要的劳动场域。

骆田据水而成，多分布于河流两岸及河流三角洲的湿地地带。骆田的浅水环境，既适宜水稻作物的生长，也有利于众多鱼类觅食和产卵繁衍。而上古水族先民长期的渔猎经济生活，使他们产生了对鱼类的活态屯养和驯化技术。

春季是水稻播种时期，也是许多鱼类繁衍时期，大江大河中生活的许多鱼类喜欢溯流而上进入一些小溪流中产卵，据水而成的“骆田农业”稻田正是符合鱼类这种习性理想的温床。到了南方雨季，河水涨潮的季节，大量的鱼类通过沟渠进入稻田，而潮水退却之后，由于田埂的阻挡，鱼儿滞留在田里，靠田中水稻附生的幼虫、微生物、水草等生存。

水稻扬花季节，稻花成为鱼儿最丰富的食料；鱼儿吸食稻花后进入肥美季节，其时也正是收获鱼类的季节；收获时，稻田中的螺蚌类亦在收获之列。稻谷和鱼类在同一生产季节和同一生产场域双丰收，久而久之，便形成了“稻田养鱼”的稻作农业文化传统。

最初因骆田的人工浅水环境，吸引了江河之中的野生鱼群进入，成为生产收获的意外之喜。而这样的意外之喜伴随着稻作农业生产的季节更替，总是收获颇丰，从而促使人们有意识地加以利用，将屯养驯化过的鱼类放养于骆田之中。

随着民族大迁徙的完成，水族先民定居在黔桂边境，“四周开成田，中间让水淌”的骆田生产开发格局，

丰收的喜悦（图/视觉中国）

从此成为水族社会历史的记忆。但“垦食骆田”时代所形成的“对低洼平旷地带高度估价与重视开发利用”的农耕指导思想，使水族先民得以顺利开发了黔桂边境地区的梯田稻作农耕。梯田农业出现之后，对曾经“有鱼”生活的美好追忆和“饭稻羹鱼”生计根深蒂固的传统，催生了真正意义上的水族“稻田养鱼文化”。

吃大留小，生生不息

“稻田养鱼”在实际生产操作中包含两方面的内容：一是稻田放养，二是鱼塘屯养，二者是相互交替的生产环节。

水族人放养的大宗鱼类计有高背鲤、草鱼、鲫鱼、河鲤、鳟鲤等品种，野生的黄鳝、泥鳅、七星鱼等，虽不是有意放养，但也是附带的收获物。与其他民族当年繁殖鱼苗、当年放养、当年收获食用的做法不同，水族社会不进行人工繁育鱼苗，而是在稻田养鱼的生产过程中按3:5或5:8的雌雄比例，将种鱼和小鱼儿一起放入稻田中，靠种鱼在稻田中自然繁衍出来的小鱼，作为第二年再生产之需。人们认为，自然繁衍出来的小鱼，在鱼塘越冬之后其种性更加适宜第二年放养，另外，跨年生长的鱼在食用之时，味道亦更加鲜美。水族人通过吃大留小的办法来实现鱼类的种性传承。每年收获之后，将大鱼放入鱼塘中囤养，随时可以捕捞取食，小鱼儿则放入塘田中作为第二年稻田放养的鱼苗加以细心管理。

稻田养鱼生产在春夏两季。开春后鱼塘中冬季群居的鱼群离散时就进入放养季节。放养季节多在清明前后，因此也称“放清明鱼”。容易滋生虫害的稻田主要放养鲤鱼为主，其他鱼类为辅，鲤鱼会吃掉稻田中滋生的虫害，尤其是蝗虫的幼虫；容易滋生杂草的稻田则放养草鱼为主，其他鱼类为辅，草鱼在生长过程中会吃掉田中的杂草，利于水稻的生长。在水稻分蘖、发蔸之际，通常要对那些滋长蝗虫的稻田进行多次除虫活动，除虫在清晨太阳东升之前或傍晚太阳落山之后进行，这是对稻田鱼料的生态补充。正常情况下，稻田养鱼期内每尾鱼可增重0.25—0.5公斤，高产区每亩稻田每年收鱼15—25公斤。由于不投放专门人造饵料，所产鱼类不但生态而且味道鲜美。

用鱼塘活态屯养鱼类是水族社会稻田养鱼的重要生产环节。秋冬两季当年稻田养鱼所获囤养于鱼塘之中，食用时随时捕捞。与稻田养鱼不投入专门鱼料不同，鱼塘囤养鱼类，由于鱼群密度高，必须定期投放一些鱼料。塘田还需在水位较深处搭建鱼窝，以便于鱼群冬季聚拢于窝中越冬。

稻田养鱼、鱼塘的囤入与输出相互循环，构成了“稻田养鱼”生产技术契合的体系。

“稻田养鱼”是水族社会的一道独特的农业风景，稻作生产与鱼类养殖的巧妙结合，催生了水族社会鱼稻共生的农业生产模

过端节到稻田里抓几尾肥鱼待客（图/视觉中国）

式，不但使人们在田间管理中倾注更多的劳动热情，同时也凸现了水族社会综合利用土地、水源等生产资料的生态文化智慧。

村村寨寨皆有鱼塘

水族村寨，每户人家均拥有一个或几个大小不一的鱼塘。三都县三洞乡的达便村，就因村寨周围密布大小100多个鱼塘，而成为水族地区一道绚丽的稻鱼文化风景。没有鱼塘的人家，也会选择水源丰富、靠近村庄的水田作塘田。秋收后塘田被加高田埂，增高水位，以大量屯养各种鱼类。

水族村寨，多数均有公共鱼塘，公共鱼塘所屯养和繁殖的鱼类，属全村公有财产，平时严禁任何个人捕取，只有村寨的大型祭祀活动需要才可以按量捕取。原则上公共鱼塘每年进行一次全面的捕取，所获鱼类除种鱼和小鱼外，按户平均分配。过端节的水族村寨，一般多于节前开塘捕鱼，分配的产品多作节日的祭祀供品；不过端节的村寨，多数于秋后开塘捕鱼。

水族地区三个著名的公共鱼塘：三都三洞乡的板告鱼塘、恒丰乡的塘党鱼塘和都匀基场乡的翁降鱼塘。翁降鱼塘在20世纪80年代，有一条重达64公斤的草鱼，被人们称为“鱼王”。村人根据“鱼王”的活动规律来判断当地夏季天气晴雨之变化，久旱时节，“鱼王”频繁浮出水面，则入夜或第二天必有降雨，若“鱼王”浮出水面时烦躁不安，则第二天有大暴雨或雷雨大风。1981年，“鱼王”因过量吸食游人投放的菜油枯爆肚而亡。

现在已无法判定鱼塘囤养的方式是水族上古渔猎经济生活的延续，还是农业文明产生之后的产物，亦或二者兼而有之。但有一点是十分肯定的，那就是鱼塘囤养是现代水族“稻田养鱼”的重要生产环节。每年，稻田养鱼所获，被囤养在鱼塘中，第二年再放养。养殖的过程就是增值的过程。一个小小鱼塘，生生不息，带给人们无限的希望。

房前屋后的鱼塘（图/韦毓坤）

达便村的稻鱼文化风景

达便村是“黔南民族风情旅游优秀村寨”，位于三都水族自治县南部的中和镇境内，距三都县城35千米，由达便大寨和古桃寨组成，共8个村民小组、235户、1270多人。达便是水族潘姓鼻祖潘必旺的儿子潘变的世居地，建寨己有1000多年的历史，潘变水语称之“般变”，汉语音译为“达便”。潘变公的后裔除达便村之外，还居住在与达便毗邻的梅山村、善哄村、定城村等三洞乡的10多个村落，自明朝中期至清末，大量潘氏族人又从这些村落迁徙到荔波、榕江、独山、丹寨、雷山等地居住，达便由此而成为潘氏水族的祖籍地和文化发祥地。

作为具有千年历史的水族古寨，达便村见证了水族社会历史上的祖先人口分流和随后的“三洞分端”的民族文化嬗变过程。现在，在水族分期分批的节日制度中，以达便村为代表的三洞乡潘、石二姓过水历正月（农历九月）的第二个亥日端，这也是三都水族自治县法定的全县有假欢庆的水族年节，达便的“三洞端坡”因之而闻名遐迩。

达便大寨坐落在喀斯特地貌的峰从洼地上，整个村落由100多栋鳞次栉比的干栏式木构建筑组成，单体建筑以三开间为主，兼有少量四开间或五开间的建筑，屋面以悬山顶为主，建筑多为三层，顶层做粮仓，中层住人，下层关畜和堆放农具、杂什。村中的道路曲径通幽，路面发亮的青石板与条石砌就的屋基相映成趣，给人以古朴、淡雅的建筑文化厚重感。村寨周围由桃、李、梨、枇杷、花椒等果木和绿竹花草共同组成的生物绿篱栅栏，随季节变换，时而鸟语花香，时而夏果满枝，时而秋黄落叶。生物栅栏墙体按照水书测定的吉门吉向设置7个寨门，105口大小鱼塘除部分镶嵌村内建筑空地外，多数沿绿篱栅栏两侧分布，村中由地下溶洞冒出的三股泉水四季清流，既滋养了勤劳智慧的达便人，也滋养着达便村大小鱼塘的水中生命。村内公共鱼塘——沽酒大塘，水面27亩，春夏时节，大塘水面或青萍或紫萍浮动，鱼群冒头唼喋，不避行人，入秋无萍时，水面倒映着农家屋檐下秋收灿烂的禾把、花生、红辣椒和金黄的玉米棒子。

达便村境海拔730米左右，年平均气温18.1摄氏度，年降水量1300毫米左右，无霜期超过300天，雨热同季，土地肥沃，特别适宜稻作农业生产。村寨的北、东两面是纵深茂密天然常绿阔叶林和人工针叶林相互交织的水源涵养林，村西和村南是缓丘梯田原野，梯田、村庄、山林的布局遵从水族社会的土地开发利用原则，高差分明，错落有致，富于立体感。开春，牛立田中，农人忙碌；盛夏，水稻拔节，田野苍翠；入秋，金黄的稻浪和欢跃的鱼儿洋溢着农家的丰收喜悦，晚霞中的炊烟将山野映照得更加墨绿；冬至，暖阳中行人和牛马都慵懒地漫步在荒野阡陌上。达便村的山乡韵味四季都在变化，而不变的是永远的稻鱼文化风景。

鱼塘是水族村寨的一道风景线（图/三都县委组织部）

“饭稻羹鱼”：水族传统稻作文化的主题

鱼稻共生、鱼粮共存现象，在宗教巫术与社会生活中处处体现

祭奠谷魂

水族信仰观念认为，任何一种生命的生长、消亡、转化皆由其灵魂左右，供养人类食物之源的水稻更不例外，而谷物的灵魂随水稻生长于野外，护佑了庄稼的生长和成熟，秋收完毕，鱼归鱼塘、粮归粮仓之后，要进行“祭谷魂”仪式，要将谷魂“请归”，使其与收获的谷物一同储藏粮仓之中，才算一个稻作生产周期的完美收工。

祭谷魂须待所有稻谷全部收归粮仓之后才可举行，主祭物是当年生产收获的一盆鲜香糯米饭和一钵酸汤鲜美肥鱼。在粮仓内或家庭炊饮的火塘边，先置放一个簸箕摆放祭品，另置一升大米于一边，米升上点燃三柱香，并插入一根扁担，扁担上端悬挂一把糯米穗把，户主双手最初扶住扁担，使其不倒，待水书先生咒请米魂入仓时，双手放开扁担，若扁担竖立于米升中不倒，暗示米魂已归仓，仪式便告结束，若扁担即刻倾倒，则认为米魂尚未完全入仓，需重燃香柱，并重复念咒，直至扁担竖立为止。

丰收之时不忘祭拜神灵和祖先，感谢上苍的恩惠（图/王何以）

检测一年劳动成果的尝新节

水族居住区北部的套头地区，有过尝新节的习俗，意为“尝新米”或“吃新谷子”。水族尝新节明显受苗族吃新节的影响，但水族尝新节的文化寓意与苗族吃新节完全不同。苗族的吃新节实为“过苗年”，而水族的尝新节只是水稻生产田间管理的手段。水族社会在尝新节之前，严禁提前取食田间新谷，其目的是保证庄稼的正常生长和获得好收成。

水族尝新节的过节日期也不像其他民族那样固定，而是根据水稻生长成熟的到来，由水书先生择吉择日过节，每个姓氏或村庄的日期可以不一样。节日那天的清晨，主妇到田中采来少许新谷，部分煮成新米稀饭，部分与陈米一起蒸熟；男主人则从稻田中捉来肥美的稻田鱼，用酸汤煮熟；之后将鱼和新谷饭食一起摆在火塘边上，由男主人恭请祖宗享用新年的新谷肥鱼，并祈祷风调雨顺，之后一家人一起享用肥鱼美食。

在尝新节的祭仪中，用的是新谷鲜鱼，不但标志着庄稼即将成熟，同时也是人们对即将来临的收获

用当年的新米打年糕是水族人喜爱的一项活动（图/罗春寒）

的一种前期预测。所以，这种仪式还包含实际的作用，庄稼颗粒的饱满程度，鱼的大小都是人们必须检测的内容。

婚丧嫁娶都离不开稻和鱼

水族较大型的丧葬活动都要举行“砍利”，即宰杀牛马等大牲畜进行祭祖。这些牛马在宰杀之前，要拴在砍利场进行展示。拴水牯牛的主祭桩的桩头必须悬挂一条鲜活而肥美的雌鲤鱼，而桩脚旁边则一定要摆上一碗糯米饭。砍利之后，主祭桩用来打造甑子，直取“饭稻羹鱼”的寓意。

在三都水族自治县三洞乡板南村一带，老人过世时，出嫁的女儿和女婿一定要送一篮子糯米饭和一条重3—5斤的鲤鱼或草鱼作为祭祀的主祭品。在开挖屋基、新修道路、墓穴等重要和大型动土活动时，都要举行祭祀土地神的祭议，主祭品就是6尾或6的倍数的雌雄均有的煮熟的鲤鱼，祭毕，所有参加活动的人均须分食鱼肉，方能动土。

水族婚礼中，新娘正式进入新郎家之时要举行“进亲踏屋”仪式，届时要求新郎家中所有人暂时退出去，然后由新郎家选定一位族中慈祥的老妇右手提一只土罐，左手牵着新娘右手，由大门踏入新郎家。土罐中装有半罐井水，水中放两条、四条或六条小鱼，而新娘左手则握有一把糯穗，取意吉祥、多子，希冀日后家道殷实、饭稻羹鱼。

待上宾之道

水族人家招待贵宾，一般以宰杀乳猪为上佳，但每至酒意正酣之时，男主人必从房前屋后的鱼塘中捉来鲜活的鲤鱼，加入火锅中，以助酒兴。而酒席上的客人，也往往可以根据捉来的鱼的大小，来判断主人家道殷实的程度。作为追求饭稻羹鱼的稻作农业文化，有大鱼表明主人在持家、理财方面的才能不一般。

如果有小孩厌食、体弱多病，水族人最简单的做法就是“吃姑妈饭”。事先选定某一吉日通知姑妈，让姑妈煮好一团糯米饭和几尾鱼，用芭蕉叶包好，在吉日那天的清晨或傍晚，送到村寨旁边的水井旁摆好，然后由小孩的妈妈或奶奶带小孩去食用。这种巫术仪式取意虽然不是饭稻羹鱼，但“姑妈饭”本身的构成却体现了饭稻羹鱼的文化内涵。

水族的鱼崇拜

鱼在水族人的生活中有着特殊重要的位置。水族的鱼文化追根溯源应该说有了几千年的历史。水族众多的民俗事项都离不开鱼。鱼在水族的生产、生活、信仰中无处不在，无时不有。在人们的理念中无鱼不成席，无鱼不成年，无鱼不成祭祀。如在水族端节、卯节、苏宁喜节、敬霞节等传统节日中都少不了鱼的供祭；人们起房造屋、接媳嫁女少不了鱼的象征性巫术用品；人们设宴请客，少不了鱼的菜肴。

在民间信仰中，“丧葬忌荤”是水族社会推崇不二的禁忌制度，即在死者未入土之前，丧家及其族人须忌动物油荤而吃素食，但鱼虾等水产不在禁忌之列，并成为祭奠仪式不可缺少的供祭品。这种现象说明鱼类在过去曾是水族先民社会的大宗食物供日常饮食，以致原始信仰产生时，鱼虾不在禁忌之列。

独眼鱼、色泽异常的鲤鱼、缺鳍的变异鱼等则是水书黑巫仪式不可或缺的供祭品和增加巫术神秘力量的重要法器。

在水族人的心目中，鱼还是富足、喜庆、幸运的象征。和许多民族一样，“年年有余（鱼）”“吉庆有余（鱼）”“富贵有余（鱼）”等也是水族的愿景追求和文化实践。如果有科考及第，功成名就，就被称为“鱼跳龙门”。

水族人不仅会养鱼，而且很会吃鱼。水族人过端节，祭祀不可缺少的“鱼包韭菜”，由于加工方法独特、选用配料独到，被称为“水族的第一名菜”，加之这道菜还蕴含着丰富的故事可说，使人吃起来兴味倍增。

用新鲜的鱼做成的佳肴是水族人待客的上品（图/罗春寒）

撰稿专家

韩荣培，水族，贵州省民族研究院理论与发展研究所所长，副研究员，硕士生导师，中国民族研究学会理事，贵州省水家学会副会长。致力于民族学与民族文化、环境与可持续发展等领域研究。先后发表有《饭稻羹鱼——水族传统农耕文化的主题》《水族土地开发与生态保护的人类学研究报告》等论文及调查报告80余篇，出版《水族文化史》《贵州山地农耕文化研究》等专著及编著10余部，主持完成《贵州农耕文化研究》等省部级以上课题多项，参与省部级以上课题研究多项。

《饭稻羹鱼——水族传统农耕文化的主题》

扫描二维码，
阅读专家代表著作的电子版

恒丰民族小学是民国时期水族地区学校教育重要窗口(图/罗春寒)

第5章

崇教重育启民智　世代传承水家风

传统教育

本章主撰稿人：贵州省黔南州教育学科研究所教研员　周崇启

水族是一个非常重视教育的民族，其传统教育大致分为家庭教育、社会教育和学校教育三种形式。

水族的家庭教育、社会教育、礼仪教育在唐代已初具雏型。当时的水族地区，人们宴聚，“则击铜鼓，吹大角、歌舞以为乐”；谒见贵人，“皆执鞭而拜”；对有功者，“以牛马铜鼓赏之”；对犯罪者，“小事杖罚之，大事杀之，盗物者倍还其赃”。这些都表明当时的水族教育已经有了初步的成就。

宋代，水族教育由各个水族头人掌管，凡属重大而具有深远意义的寨内决策、事务，均采用“议榔”（讨论乡规民约的一种形式）的教育方式解决；元代，教育多以“爱洞、爱寨、爱家”为主要内容；明代，水族教育正式从社会生产活动中分离出来，成为一种特殊专门的社会活动。到了清代，水族地区都江厅开办了贵州省第一所少数民族学校——都江厅义学。

水族传统教育的产生和存在，与水族人民的生存和发展息息相关。水族地区的教育得以发展，与当地水族社会的发展，以及水族人民对教育的重视是分不开的。传统教育的内容、体制、形式、方法等还在水族社会内传承、保留运用，而且传统教育中的某些方面仍然发挥着较大的作用。

言传身教、寓教于乐的家教

水族家教是长辈对子女施行教育所形成的惯俗

儿歌承载启智的功能

清代以前水族没有专门的教育机构，没有专门从事教师职业的人，因此，教育只有通过不同场合的活动来完成。所谓“家教”，是指家庭教育的全部形式和内容，水族教育中一个十分重要的内容是家教，传统的水族家教多采用言传身教的方式，通过讲故事、念歌谣、猜谜语、说笑话、做游戏等形式寓教于乐，使孩子们在生动活泼的游艺中受到道德的感染，领受到知识的乐趣，得到智慧的启迪。

每个民族都有自己的儿歌，水族地区也流传了很多儿歌。这些歌谣通俗易懂，便于传唱，易于接受。水族孩子在劳动之余，在节日或庆典之中，往往聚在火塘周围，聆听长辈们讲故事、唱歌谣，逐步形成了与长辈一致的人生观、价值观和行为方式。例如《训儿歌》，历来被水族人民广为传唱，将伦理道德潜移默化地灌输给孩子。

“猜调”是一种儿童游戏，数名儿童分开对阵猜谜，哪一方猜对，哪一方的队伍就壮大，迄今仍在三都水族自治县九阡、三洞地区的孩童间广为流传。提问方唱：“你猜什么是尖头王？你猜什么是虾子房？你猜什么是水盖板？你猜什么能罩天？猜对了就来唱歌，不会猜就靠边边。”被问的人回

可爱的水族儿童（图/罗春寒）

答：“我说笋子就是尖头王，我说水藻就是虾子房，我说浮萍就是水盖板，我说云层能罩天。我说错下你管骂，我猜对下你快来这边！”儿童们通过游戏互相启发，达到启迪智慧的效果。

儿童智力尚处在发育期，缺乏社会阅历和知识，而对相关的事物又感到新奇。水族人根据这些特点，编了一些颇具趣味性的、传播简单知识的儿歌、童谣。例如《为什么》唱道：“为什么浑浊呀水井？是那石块滚进来。为什么滚动呀石块？是斑鸠把我扒开。为什么扒开乱石呀斑鸠？是板栗落下在作怪。为什么掉呀板栗？秋风吹我摇摆。为什么吹

水族老人在照顾孙辈时，常常会通过讲故事、念歌谣、猜谜语、说笑话、做游戏等形式寓教于乐（图/罗春寒）

动呀秋风？我天生脾气真难改。”一问一答，蝉联而下，形成一种连锁式，步步紧逼，追根溯源，层层剥皮，探寻结果。《刀砍水不见印》是这样唱的：“柴刀砍水不见印，鸭子凫水爪不分。从早玩到太阳落，朋友相爱别离分。”把水是万能之形、鸭子脚蹼不分爪以及其群居觅食的特点作了形象的表述。这首儿歌曾由中央电视台儿童合唱团作为演出节目。另外，《最恨小耗子》《猫儿过江》等，虽是逗趣性的儿歌，也是艺术地介绍动物特性等知识的好教材。

孩子外出挑水、砍柴、讨猪菜、采集，就一路把各种植物名称、功用告诉孩子；在家的时候，则利用编织竹器，加工木器、铁器和石器，纺线织布等活动是对孩子进行教育。父母等长辈通过反复示范操作，使这些技能在没有专门学校教育的情况下，也能让孩子顺利地掌握。

值得一提的是，水族家教中如果涉及生产技艺方面的内容，或者是立身处世的“秘密”要点，以及批评教育孩子，一般都不在公开场合下进行，显示出教育环节上的“隐匿性”。这也是水族家教的一个特点。

劳动是学本领的好机会

父母既是孩子的家长，又是孩子的教师。训练孩子健全的体魄，传授基本的知识经验，培养孩子的初步生产技能、使孩子建立行为规范，让孩子明确自己的社会角色，使他们懂得应尽的义务和责任等等，均离不开第一教师——父母。

水族家教包罗复杂的思想内容，包括教育孩子怎样立身处世，怎样待人接物，如何掌握生产技艺等等，既含有“德”与“道”的教育，也包括“智”“才”“技”的教育。

幼年时期的水族孩子，父母及其他长辈往往对他们讲解周围的各种事物名称；童年时期，则告诉他们基本的生产经验和生活经验。在传授这些直接或间接经验时，成人们尤重视教育的情境作用。比如父辈带男孩上山劳动，会把砍树、烧地、播种、耕耘的经验告诉孩子；串山打猎时，则顺势讲解各种动物的名称、习性、狩猎经验及猎物处理方法、猎物的功用等；母亲带女

母亲言传身教，女儿用心学习，劳动的技艺就这样代代相传（图/视觉中国）

水族的“三字经”——《训儿歌》

水族是一个重视儿童启蒙教育的民族，尤其十分重视青少年的德育。在漫长的历史长河中，水族深知“教育要从娃娃抓起”的朴实道理，注重培养孩子良好的思想品德，重视孩子道德感、责任感、孝顺感、廉耻感的培养，通过生产生活实际，采用言传身教的方式对子女进行正确的诱导和训诫。

大约在明清时代，水族地区的三洞、塘州、恒丰、九阡一带就流传了《训儿歌》。歌词唱道：“洗耳静，你听我讲。人世间，不分贵贱。傻笨呆，同怀九月。九月怀，胎中抚育。十月满，临盆出世。三年哺，抱子如腹。子乖乖，母心甜蜜。背出工，腰酸背痛。父母心，你该明白。富生子，比较容易。穷生子，样样都缺。少尿片，背上尽湿。整三年，学会匍匐。手牵手，身边练习。未成年，便找师训。望儿乖，会待友戚。到成年，关心嫁娶。父母心，谁都一样。今天说，请你记住。父母恩，德配天地。”

这是一首至今仍在水族地区广为流传的经典歌谣。诗歌采用三、四分节的结构，通过母亲怀胎、分娩、哺乳、搀扶、养育、嫁娶等不同阶段的操劳，递进式展开，层层剖析了为人父母的辛劳。诗歌不但叙述了水族先民生儿育女的艰辛历程，更重要的是告诉孩子：生命来之不易，父母的恩德如山，因此要懂得感恩，要懂得报答，要懂得尽责，要懂得孝顺。这与儒家的二十四孝歌有着异曲同工之妙，可称得上是水族的《三字经》或《道德经》。

在水族的启蒙教育中，这类《训儿歌》占有大量篇幅，其目的是要引导子女学会勤劳、勇敢、诚实、善良、孝顺，千万别懒惰、别怯弱、别撒谎、别作恶、别虐老。水族此类《训儿歌》的真正价值和意义，是要在孩子们幼小的心灵中种植正确的道德观和价值观，是要让孩子们明白，他们的生命来之不易，继而进一步明确他们身上的责任和义务，培养他们的良好道德情操。

此类《训儿歌》之所以在水族地区广为流传，久唱不衰，不仅因为它叙述的内容真实感人，更重要的是它本身具有判断曲直、明辨是非的教育功能。因此，它在倡导社会正义和忠孝价值方面，起到积极的鉴别作用。孩子们受到这些正面的教育，自然受益匪浅。

贵州榕江县水尾乡水尾村的水书先生潘永香在村里的农家书屋教孩子认水书（图/王炳真）

家规：宗族成员共同恪守的行为准则

水族社会以家规家法来约束、调整人与人之间的关系

奖励与惩罚并重

一般说来，我们对一个民族的识别既要看其共同经济生活，又看其共同的心理素质；既要看其所处的地域，又要分析他们的共同语言，共同习俗和共同的道德规范。共同的风俗习惯和道德规范是由其心理素质、所处地域、共同语言及经济生活决定的。

风俗习惯是人类生活中最早产生的一种行为规范。各个民族由于自身的历史发展、生产方式、生活方式、地理环境等不同，因而风俗习惯各异。在漫长的历史长河中，水族人民在自身的发展中形成了自己特殊的风俗习惯。在服饰、饮食、居住、娱乐、礼仪、婚姻、丧葬以及生产等各方面都表现出自己的特色。

水族家法也叫家规。它是指同一宗族内部行为规范的体现，是水族旧式家族家长训诫和制裁家族成员的规范，也是家族内部共同信守的条约或不成文的行动准则。这些行为规范通过风俗习惯、道德规范、习惯法、宗教观念来约束个体的行为，调整人与人、人与村落、村落与村落之间的各种社会关系。

每一位水族个体一出生就处在它的约束之中。个体的一言一行、一举一动都受到它的制约。人们于是自觉或不自觉地把它作为自己的行为规范。随着时间的推移，水族人需要对原有的风俗习惯进行价值判断，进而确立更为严格的行为准则，确定人们行为的是与非、善与恶、美与丑、正当与不正当的标准，如此便形成水族自己的道德规范。水族的道德规范由群体确立，经每个人贯彻落实。一般说来，各家庭的家法家规大同小异，但也有因为不同自然条件而形成的有针对性的家法家规。

水族家法家规是水族宗族内部“管”与“导”的具体体现。它包括各种奖励与惩罚制裁的内容。早在唐代，水族的家法家规就很成熟了。到了明清时期，水族的家法家规日臻完善，各种法规更加细致周密。

深受儒家思想影响

同中国传统道德要求人们注重“温、良、恭、俭、让”一样，水族的家法家规偏重于“德”，即注重德育效果。在人与人的交往中，水族家法家规主张平易近人，要求“以兄弟手足情为贵”，反对以强凌弱，反对横蛮无理。小到待人接物，大到庆典或祭祀，都有严格的行为规范。例如在待客方面，长辈要求族内成员必须注意客人身份、送礼厚薄，分别给予不同招待。用餐时，要主动给客人添食，“与人为善”的思想尤为突出。

不难看出，水族这些家法家规明显受到汉文化中，尤其是

尊老是水族的重要风俗，很多大事都需要请教德高望重的长者（图/潘政波）

儒家文化道德中“仁、义、礼、智、信”的影响，也正是有了水族的这些家规家法，才丰富了我们中华民族广博精深的教育思想。

对水族家法家规的认识必须全面、科学、公正、合理。诸如迄今仍在袭用的“端坡赛马勇敢者奖”，是提高民族自信心和增强民族自豪感的作法，值得弘扬；但现在仍在水族农村见到的诸如“客人到家吃饭，女性、孩子不得与客人用餐”等家法家规，则是应当摒弃的。

尊老尚贤

在水族地区，不同宗的家族往往会按照地域组织起来，并且建立民间议事会组织，这就是“议榔”。这种形式又称“水族村社会议制”。议榔每隔几年或更长时间，召集一次会议，制定新的榔规。榔规一经制定，具有极强的约束力，任何人不得违背。议榔制度对维护水族地区的社会稳定、保持民风曾发挥过积极作用。

议榔事关村落内部每个成员的饮食起居，事关宗族的形象和尊严。议榔教育是水族原始社会教育的重要形式，它是水族原始社会酋长教育管理的演变结果。在非学校教育的活动中，水族人要统一思想认识，达到团结一致，共同进步的目的，通常要通过议榔的形式。

在漫长的水族传统社会的教育活动中，水族人民崇尚寨老。寨老是水族村落组织的自然领袖，一般由村落中的德高望重者充任。他们是议榔的组织者和主持人。议榔过程中制定有榔规，内容多是维护榔组织内部生产、生活和防御外来入侵的规章制度。现在水族地区多数乡村制定的乡规民约，实际上是古代水族议榔的传承。

每逢议榔，则要求家家户户的代表参加，然后由寨老提出需要“议”的内容，大家议定之后形成决议，要求全体成员执行。利用议榔形式，寨老等族内有威望者要澄清宗族内部的许多是非，表彰为宗族作出贡献的人和事，教育小辈遵规守约，热爱家园。尽管议榔中有众多分歧意见，但最终仍要听取寨老或族内有威望者的意见。由此可见，水族议榔活动所表现的教育思想，是典型的尊老尚贤思想。

寨老在水族社会和民众中享有很高的威望(图/视觉中国)

水族石姓家族的家规

宗族当睦：人自五服以至，无服同属一本，即世系已远名分。自存均应各尽尊卑之道。拜揖必恭，言行必逊，坐序必依，先后合敬同爱。彼此交勉，不得因彼有富贵辄思藉事生波，甚至唆引外人诬害。亦不得见彼贫全不关心乃倚势侮辱，是皆蔑视前人也。纵有是非口角，请凭族中老成者理论，非万不得已之事，不准挟怨挟嫌，动辄兴讼。闲时各房亲支子侄繁衍，凡冠婚丧祭往来，疏则无以昭雍睦人，类众又恐难于供德。侍后领良聚会，只以四篮为度。丧事之期，男女冠履衣服钦遵国志服制，以别亲疏，以明等级。所有服制，各人自备，毋得扰及丧家至族中孝子节妇。行谊一可传者，必群相奖励。使男女有所观法。族中有无子者，无论贫富，必立主嗣，若未立嗣而殁，及殁后有子而夭，尤当经理其嗣侦之人。继绝延支庶族姓绵滋。大此皆睦族要务。

乡里当和：乡井之人，朝夕相聚，缓急可藉其力，全须平日谦和逊让，尽礼相待，积诚相感，则爱人人爱，敬人人敬。所以出入相友，守望相助，疾病相扶也。若经夺事，丝毫必较，或占人便宜，或轻人微贱，里党之间，人人侧目。不惟缓急无人资助，即岔事急仇杀，皆肇于此。岂全家保身之什耶?合族宜共警之。

言行当谨：言易招尤，古有明训。也有以一时之岔，尽发泄，令人怨入骨髓者，由出言之不忍也。至馋口嚣夕，以是为非，以非为是，间人骨肉，离人夫妇，玷人祖宗，败人名节，尤伤天地之和，犯鬼神之忌，折福减算，皆在于此。可弗慎欤。即父戒兄勉，理所宜然。亦宜善言开导，勿责备过。甚至伤天和，至存心处事，愈不稍有偏僻。凡我族人须体祖德。有家者怜惜为本，好善乐施。无家者，各安本分。毋诡计图，毋好胜称雄，毋纵情欲。若淫人妻女，大坏阴德，切勿有犯。而赌博、酗酒、烧鸦片，与一切作奸犯科等项，倾家荡产，祸不容殊。故作事须寻天理，出言要顺人心。家无贫富，人无智愚，总之居心正，则顺理平情。积善而有余庆。居心不良，则骄奢淫逸，积恶而殃。言行当谨，可为宗族之光。

勤俭当遵：子弟读书尚矣。然读书至十五六岁后，毫无进益，宜令改业，务农为要，次而工商，艺业虽有不同，是皆本职，宜努力发愤，虽一行一技，亦足为俯仰资之。否则颓惰，资身无策，流为乞人，而不觉也。祖父创业艰难，如儿孙只图一时体面，鲜衣美食，好从时尚，则家财耗尽，家道则不兴矣。

师友当择：子弟气质之变化，因教者性情学问为转移，近朱者赤，近墨者黑。故立学首择师。择既正，则隆师之礼尤不可不讲。入学之时，家长率子弟肃冠整带，恭诣先圣。先师位前，家长及先生分宾主进香行礼，然后子弟依次排列拜见先生，礼毕循序而退。腊月敬馆，仪礼亦然。盖遵师重道，礼之固然也。与朋友交，尤当慎择，与善人交，则习于善；如不自知与恶人居，则习于恶。但善人多简默，多方正，难与相亲，而究有培于心性；恶人多谀佞多顺从，易与相洽，而究有害于身。故无论同堂讲习，或平时出、入交游，亦莫不当，慎所择矣。

争讼当止：太平百姓，相交无事。近世多逞强，寻衅滋事。或因细故而起争端，或以微嫌而酿巨祸，或借他事而刀笔称雄，或泄己忿而图报复。此皆小则耗费钱财，大则身亡家破，故为人以忍让为先。忍则不与人争，让则人亦不与我争。能忍能让，可以无祸，而讼端自息。即可不已，关系匪情，必欲闻官亦宜直诉，不可诬连陷害，自坏心术，吾族不可不慎。

宗谱、家谱是传承家族文化的载体

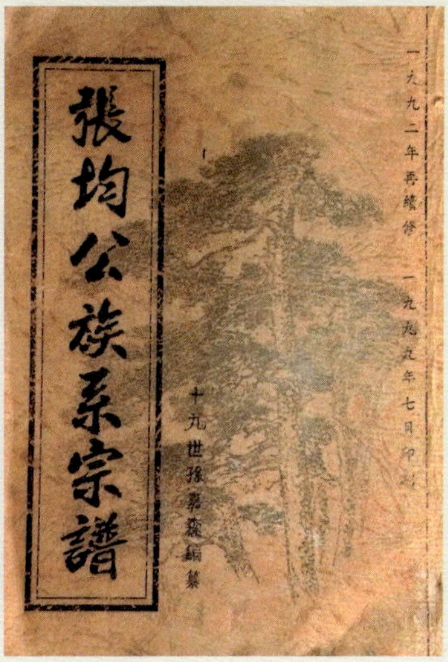

生生不息的学校教育

水族人建学校、办教育的热情很高

水族的学校教育起步较晚。虽然最早有自己独特的水书教育形式，但由于受时空条件限制，教育的内容及受教人数十分局限，有别于近代的汉族学校教育。同其他少数民族一样，水族学校教育是在明末清初西学的输入、汉学的影响下逐步形成的。随着“西学东渐”步伐加快，鸦片战争后，水族地区的“义学”“经馆”“私塾”应运而生，“西学”和“汉学”的广泛传播及其影响，特别是清末“壬寅学制”与“癸卯学制”的建立，水族地区真正意义上的学校教育才正式出现。

从无到有，从弱到强

清王朝建立后，特别对民族教育政策作了调整，客观上有利于水族教育的发展。限于清政府文化经济方面的窘迫，只能创办小学堂。尽管数量不多，但却很有代表性。它在后来水族小学校的创建发展之中，起到了承上启下的示范作用。尽管它存在的时间不算很长，但

水族文化进课堂（图/王炳真）

贵州榕江县水族人口近4万人，水族文化底蕴深厚。为了保护、抢救、传承和发展水族优秀文化，在塔石乡同流村小学进行试点，将水族文化的保护和传承引进校园，从娃娃抓起，上好国家规定文化课之外，增设水族文化传承课，着重传承水书、水族刺绣、水族芦笙、水族歌谣等

它的意义、影响却异常深远。

清雍正九年（1731），水族地区都江厅开办第一所少数民族学校——都江厅义学，是贵州省第一所少数民族学校。嘉庆年间，顺应时代的潮流，水族地区赶上了兴办“书院”的末班车。其中以荔波县之“荔泉书院”“桂花书院”以及三都的“金麟书院”“合江书院”最为出名。清光绪二十四年（1898），清廷改科举而兴学堂，水族地区的学堂陡增，其中以九阡之从善水族小学堂，都江厅初等小学堂，三合槐荫、烂土小学堂为最。光绪三十一年（1905）废科举兴学校后，水族地区学校教育出现了良好的发展态势，水族人民办教育的热情不断高涨，增设新式学堂，迅速将学堂改为学校。

民国时期，由于政府重视，水族腹地的小学学校教育星罗棋布。据不完全统计，1943年，水族腹地的中小学数已达160余所，学生数量超过万人。水族学校教育不但培养了一代水族教育家，而且造就了邓恩铭这样一代英豪。

水族学生在读水书（图/视觉中国）

1949年10月1日，中华人民共和国成立。新中国的诞生为水族教育的发展提供了可靠的政治保证和较为充分的经济保证，为水族的发展注入了新的活力。建国初期，尽管条件艰苦，但水族人民认识到教育的重要性，他们克服了种种困难，坚持发展教育，坚持把教育视为民族发展繁荣进步的重要基础工程。建国70年来，水族人民通过学校教育，培养了清华大学、中央民族大学、厦门大学、中国政法大学、上海交通大学、华南理工大学、西南大学、西南民族大学、贵州大学等国内知名学府的水族学生，他们中不乏硕士、博士、博士后等佼佼者。总而言之，自1906年至今这一百多年间，水族学校教育从无到有，从弱小到逐步壮大，实现了教育的大发展、大跨越。

学习芦笙舞也是让水族小学生传承民族文化的课程之一（图/王炳真）

水族地区历史上第一个露天贫民学校

20世纪初叶，随着现代教育在中国的迅猛发展，水族地区贫民子弟的求学欲望不断增加，但由于经济条件的限制，教育基础的薄弱，加之教师队伍的匮乏，水族无数学童的入学梦难以实现。为了帮助边远少数民族贫苦民众读书，学习文化知识，1919年，水族人韦雨臣在荔波县城南街私人住宅（自号“耕读堂”）门外，别开生面地开办了一个与众不同的学校——贫民夜读班。教学场地设在“耕读堂”大门外，教室是露天的，故时称“露天贫民学校”。

考虑到农家贫民子弟白天忙于操劳农活，韦先生充分利用夜晚时间开班授课，为这个民族地区的失学儿童和青少年教授文化知识。他自己出资购置黑板、风琴、军号、汽灯、箫笛、粉笔、图表等教学用具，几乎应有尽有。每当夜晚教学时，大门屋檐下悬挂一盏汽灯，黑板架靠近灯旁墙壁，学生自带凳子，依次排坐在黑板前听老师讲课。他自任教员，免费义务讲学。该夜读班不仅不收学杂费，对经济困难学生，韦雨臣还解囊资助其笔墨纸砚，用以鼓励。贫民夜读班开设国文、算术两门课程，要求以多识字、能“略写”“略算”为目的，修业没有年限。每次讲课毕，由教员指定学生中成绩优秀的辅导学业成绩较差的。教学课文多属应用文，教员在黑板上写好，学生自己誊抄，年幼或新生尚未能自抄者，则由学生长者助抄，形成互相帮助，互教互学，以长带幼形式，既省钱省时，又有明显实效。他的教学能够做到学用结合，学以致用，人人都掌握到一定知识。入学人数日益增多，学校声誉日渐提高，受到当时政府的嘉许，赢得社会各界人士的好评。

该校共办4年多，出入学生近200名，成为当时水族地区教育佳话。1922年底，韦雨臣先生因调任他职离家，露天贫民学校告停。

水族现代学校教育的窗口

建立于民国时代的贵州省立荔波恒丰民族小学是水族现代教育的一个缩影。它随着汉族现代教育的发展而诞生，是水族人自发萌生的现代教育梦，也是民国时期水族地区学校教育重要窗口。

20世纪30年代，一批受过现代汉文化教育的水族知识分子在韦雨臣先生的带领下，与水族群众一起投工投劳，捐钱捐物，一路披荆斩棘，盖起了漂亮的学校——恒丰民族小学。

恒丰民族小学背靠龙头山。龙头山延绵起伏千里，犹如一条巨龙停歇在此栖息，校园建于此，寓意真龙之脉寄托了望子成龙必有应、望女成凤必如愿的美好憧憬。校门两侧各置一对石雕狮子，并题联于上，曰：“睡狮警醒，恶兽远逃。”意为只要进此校门接受教育的人就会醒悟，一切恶性就会消除。校门中央顶部是一个半

水族社会非常重视教育(图/韦朝丰)

恒丰民族小学大门是民国时期的建筑，如今仍保留完好（图/罗春寒）

院内种植着四棵桂花树和紫荆树，寓意“四方贵子”（图/罗春寒）

圆形平面装饰建筑，在半圆的两端平台各安置一座雕刻十分精美、栩栩如生的石笋，意为学子将如雨后春笋节节高，学校会一帆风顺。与校门同一平面的左右翼楼的端部书白底黑字，左面为“学做人”，右面为“学做事”。此为校训，每个字约占1平方米面积，十分醒目，在距校门500米远的笔架山下也能看到这几个醒目的警句。

学校最有特色的建筑是大礼堂和四合院。大礼堂位于正楼下层正中间位置，礼堂四壁为三合土夯墙，表面刷石灰，十分光滑和洁白，正面里壁墙正中壁顶绘国民党党徽十二角星，十二角星下左则书三民主义内容，右则书孙中山先生的遗嘱：革命尚未成功，同志仍需努力。正墙向前1米处，砖砌一半身屏风，白底边镶黑色边条，屏风上绘着孙中山先生的半身遗像；礼堂右壁上用工整的中楷仿宋字体罗列清政府与帝国主义列强签订的丧权辱国卖国条约等内容。

四合院处在校园中央。稍向中的四角位置，靠正楼的两角栽金桂花树和银桂花树各一棵，靠门楼的两角栽红色紫荆花树各一棵，每棵树都用青石麻条砌成四四方方的围台，对教员寓意为要清心寡欲、一心一意教书育人，对学子则寓意为方方正正做人做事。院内栽在方方正正青石围台里的两棵桂花树和两棵紫荆花树，共四棵，则寓意“四方贵子”在教员的精心呵护和教诲之下，将来必定成为栋梁之材。桂花树的“桂”音同“贵”，紫荆花树的“紫”音同“子”，“桂”“紫”即“贵子”，寓意深长，耐人寻味。所有这些民国时期的建筑，今天仍旧保存完好，实在是不可多得。

恒丰民族小学历经几十年的办学，建国初期取得了骄人的业绩，水族仅有的十几名重点大学学生中就有九名是恒丰小学籍的学生，从此校走出。从1950年至2005年这55年间，共计约3770名学生从恒丰民族小学毕业。

撰稿专家

周崇启，布依族，贵州省黔南布依族苗族自治州教育学科研究所教研员、正高级教师，教育部国家级骨干教师，贵州省特级教师，曾获“黔南州优秀科技人才”等称号。撰写的《水族教育史》获贵州省基础教育科学研究与教育教学改革实验优秀成果一等奖，著有教育专著3部，指导并完成全国及省教育规划课题多项。

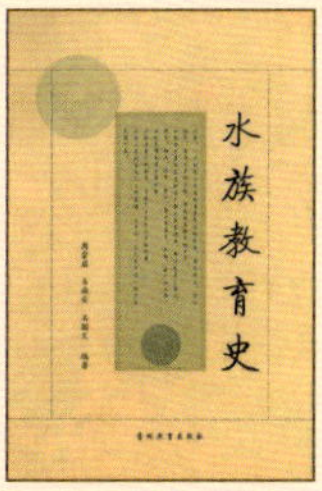

《水族教育史》

扫描二维码，
阅读专家代表著作的电子版

马尾绣是水族特有的传统手工技艺，被称为刺绣的“活化石”（图/罗春寒）

第6章

丰饶艺术寄情怀　古老绣技焕新颜

民间歌舞与手工艺

本章主撰稿人：

贵州省三都水族自治县音乐家协会主席　蒙锡彭　　贵州省黔东南民族职业技术学院教授　罗春寒

水族是一个古老的民族，居住在凤凰羽毛一样美丽的地方，那里有享不尽的天籁之音，那里有乐不完的歌舞神韵。

水族歌舞历史悠久，残留着古中原文化核质，又依附有南方民族文化特点。水族民歌与乐府诗有诸多近同之处，固定结构式类似北宋的“唱赚”，表达形式近似北宋“散曲”，对唱与和唱近似秦汉时期“但歌”，娘娘歌、兜歌、控歌相当于现代组歌。歌谣声韵回环独特，是南方少数民族中不可多得的形式。民间歌舞从宗教和习俗演变而来，质朴神奇。

马尾绣是水族妇女世代传承的一种特殊刺绣技艺。这种水族独有的民间传统工艺，分布在三都境内三洞、中和、廷牌、塘州、水龙等乡镇的水族村寨，是古老而又具有生命力的原始艺术，被称为刺绣的“活化石”，是研究水族民俗、民风、图腾崇拜及民族文化的珍贵艺术资料。

凤羽水乡的神奇音韵

水族民间艺术种类丰富，有歌舞、曲艺、戏剧、舞蹈等

一方山水唱一方歌

水族民歌以歌谣为主要形式，以七言句为典型句式，流传于民间，题材丰富、形式多样，声韵复杂灵活、节奏感强。歌词常运用赋、比、兴手法，叙事性强，内容含蓄深刻。曲调具有调随腔走的特点，歌头常以“哟咿哟”引声，歌尾以“哟嗬”等收声。

由于自然环境和人文环境不同，水族民歌形成南面较欢畅、东面较沉郁的两种风格特征。南面指三都县境内的水龙、三洞、中和、塘州、廷牌、恒丰、九阡，独山县的本寨，荔波县水利、永康、水尧、佳荣等水族乡镇，地处龙江（樟江）上游，丘陵地貌，地势较开阔，以稻作经济为主，水族人口相对集中，村落保持传统的氏族形式；民歌曲调旋回在do、re、mi、soi四声音列之间，题材广泛，体裁多样，是水族民歌文化中心地区。东面指三都县境内的拉览、打鱼、都江、坝街和毗邻黔东南州的榕江县、从江县等地，地处都柳江上游峡谷、森林繁茂、气温相对高，居民主要以林业、渔猎和旱地农业为主，山多人少，与苗、侗等民族杂居；民歌音调在do、re、mi、#fa四声音列之间，双歌和唱（打和声）不明显，收声短促。

在各方面持续高速发展的当下，民族音乐文化走向多元化成为必然趋势。水家人不断发现其音乐规律，探讨发展道路。三都县、荔波县、榕江县等民间先后自发成立“水歌协会”，为巩固和挽救水族民歌带了好头、做了实事；水族地区学校开设水歌班、水舞班、水书班等将水族文化引进校园，开创了水族文化发展新局面，明天的水族音乐必将更丰富多彩。

重要的文化遗产——剑河水族花灯（图/丁新成）
贵州省剑河县的水族花灯以灯戏兼容的风格、鲜明的地域民族文化特色、优美的唱腔与乐曲驰名一方。剑河水族花灯已经有千年历史，由原始的驱魔辟邪、祝神消灾、祭祀祈福活动逐渐演变成民间娱乐歌舞，发展成独树一帜的地方戏曲艺术

流淌在酒席上的情愫——双歌

水族双歌因唱段数目为双数而得名，民间称“旭早”“旭嫭”“旭凡”“旭呕希”。水族双歌主要由说白、吟唱、表演（斟酒动作）三部分组成，说白在前面起到引言作用，通过简短几句话或一个短小的故事，概括介绍唱段中需要表达的人物和内容；吟唱是歌的部分，和其他歌唱一样，只是结尾不同，有固定的唱句，在场众人都跟着一起唱和；同时，演唱者在酒席上边演唱边做出许多敬酒动作，具有“戏”的特征。

双歌一般在祝寿、婚嫁、上梁、小孩三朝或弥月酒席等喜庆场合上演唱。演唱者一方是主人家，另一方

扫描二维码欣赏
《水族古歌》

风情万种歌作媒

卯节歌会

卯节是水族重大节日之一，也是水族的情歌节。男女青年在节日期间上山对歌，祈求风调雨顺五谷丰登，祝愿有情人成为眷属。坡上三五个后生成群，在花阳伞遮饰下围着意中姑娘对唱情歌，情合者可能结成姻缘，或成为歌友。

六月六歌会

20世纪90年代之前，民间相传农历六月六日到温泉洗澡可除皮肤病。每年的那天，大家慕名汇集到独山县温泉乡（现属玉水镇）羊场的热水井（温泉）洗澡。

对于男女青年而言洗澡只是一种理由，会情人才是主要目的。那天成为男女青年的开放日，谁都无理由干涉他们自由社交。温泉的溪边、对面山上便是男女青年约会对歌的地方。改革开放后男女青年交往自由，男女青年外出打工，歌会自然停休。

美酒与歌声是水族人待客的传统习俗（图/视觉中国）

水族妇女喜爱唱山歌（图/罗春寒）

为客人，双方围绕同一主题对唱。主方多赞美客方礼物、人才贤惠以及接待不周的歉意等内容；客方赞主人热情接待、前程美好以及自己礼物简陋等。唱歌的人把赞美对象比着金银、神仙、诺绵鸟、贵人等，听歌的人们陶醉在神话世界里。

1989年6月，水族双歌界定为水族曲艺；2007年5月，水族双歌被列入贵州省非物质文化遗产名录。

水族少女在节日舞动彩幡（图/视觉中国）

《歌集》未定歌仙逝，留下“旭早”颂英灵

1963年初，燕宝（王燕宝）接到省里指示，去三都水族自治县了解民间文学情况，“看有无搞头”，以便安排力量去发展。燕宝干劲十足，遇人就问：“伙计，你们水族有哪些著名歌手呀？”不论问谁，大家都推荐三洞公社水艮生产队的潘静流先生，说他是歌仙，开堂赛歌，谁都不是他的“下饭菜”。燕宝赶紧跑去三洞。

那时，潘静流先生年近古稀，但无龙钟之态，性格开朗，穿着长褂，身姿修长伟岸。潘老非常支持燕宝的工作，拿来厚厚的汉字手抄的歌书，说：“我的歌都在这里了。”歌书字迹工整俊秀，虽然每个字燕宝都认得，但就是看不懂。原来这是水歌的汉字音译。于是，燕宝熟练掌握的国际音标有了用武之地。潘老一句一句地念，燕宝一句一句地记，两个多月时间才把103首歌记录下来。

后来，经燕宝整理《水族双歌集》得以问世。可惜潘老已辞世，燕宝以书祭奠歌仙。

飘逸在酒席间的腔韵——单歌

与双歌相对，水族民歌还有一种体裁——单歌，民间称“旭挤”。单歌主要包括以下种类：

名 称	水 语	特 点	主要篇目
创世古歌	旭高	以唱古事、古人、古物为内容，是水族最早的文学作品	《开天地造人烟》《造田地歌》《造人歌》《恩公踩地方》《迁徙歌》等
山歌	旭巴达、旭巴正	人们在山野砍柴、放牧、田间劳动即兴吟唱的歌谣	《相思苦》《久别重逢》
姊妹歌	旭菲	以唱爱情为主题，男女对唱的一种形式，好比西方的小夜曲	《见面歌》《爱慕歌》《姻缘歌》
兜歌	旭虹	由若干支表达同一件事（主题）的歌组成，类似大型声乐套曲的“组歌”，演唱者至少两个，讲述动人的故事	《蜻蜓与幼虫》《怨父母处事偏心》等
控歌	旭控	即挽歌。水族南、北面挽歌的内容和形式略不同，南面突出孝义娱人，叙事强；北面突出孝义娱神，但都使用本民族语言演唱	《卜巴》《创控歌》《升字杆歌》
儿歌	改咯咯	表达水族儿童的天真、朴质	《训儿歌》《柴刀砍水不见印》《打猪菜》《磨豆腐》《打粑粑》《织布歌》等
诘歌	诘俄伢	摆古理论古规，使人明理受教育，处理民间纠纷	《婚嫁诘俄伢》《丧葬诘俄伢》
调歌	调	以历史或日常生活中风趣、富有寓意的东西为内容，短小精悍，形式活泼，语言幽默，常起到逗趣、寓讽刺于乐的作用	《丧葬调》《黑牛与花牛》

器乐从娱神向娱人转变

铜鼓是水族最古老的乐器，节日上敲铜鼓是必不可少的仪式（图/罗春寒）

水族的传统乐器主要有铜鼓、皮鼓、芦笙、唢呐、大号、弦鼓等。水族是个多神崇拜的民族，文化底蕴深厚，宗教色彩浓厚。在历史上，乐器的主要功能是娱神；现在随着社会生活内容的变化，乐器的使用也逐渐向娱人转变。

铜鼓是水族最古老的乐器，也是圣物、祭器，在古代水族地区象征着社会权力与富贵。据不完全统计，整个水族地区藏鼓有500面之多，三都县境内目前藏铜鼓300多面，但只是1958年的五分之一了。

根据铜鼓纹饰和音质特征，水族人把铜鼓分公、母、龙、虎、鸽嘴、针、熊爪鼓等。水族人酷爱铜鼓，但又忌讳铜、铁（金、银除外）金属陪葬，所以只能在石棺、墓碑、墓壁上雕刻铜鼓。

水族的竹制乐器中也有芦笙，水语称"卜应""卜缪"，与苗族芦笙有一定渊源关系。芦笙分高、中、低音芦笙，从高到低音有两个八度音高之差。以前以六管为主，现在民间也出现多管芦笙。

弦鼓舞主要流传在三都水龙和都江一带，弦鼓是最主要的道具。弦鼓因鼓身开有音孔，并安装有三根牛筋琴弦而被称为弦鼓；又称角鼓，因木鼓上装有四只牛角而得名，水语称"肉报"。每逢佳节，人们会击鼓而舞，表演风格古朴粗犷，许多动作即兴而成，随心所欲，男女老少均可参与，场面热烈奔放，很具感染力。2009年9月被列为贵州省第三批省级非物质文化遗产名录。

水族人吹起大号迎接远方客人（图/饶武军）

水族人对铜鼓非常崇敬，节日的时候除了祭拜祖先、神灵，还要祭拜铜鼓（图/视觉中国）

舞蹈发端于日常生活

水族民间舞蹈历史悠久，大多源于古代祭祀活动和农事动作。《宋史·南蛮传》中即有对水族芦笙舞的记载。荔波县水浦村板本寨明代水族石板墓侧壁绘有集体舞像浮雕图，说明早期水族地区有踏歌流行的可能性。

水族地区最早民间舞蹈主要有铜鼓舞、芦笙舞、斗角舞、花架舞等。

铜鼓舞源于古代祭典活动，据传至少已有几百年的历史。现在它从祭祀舞蹈演变为民间的日常舞蹈，水族人在过端节、卯节，庆丰收，以及婚娶、丧葬期间，都要跳铜鼓舞。这种舞蹈，表演者随着鼓声的节奏，踏着把撒秧、栽秧、薅秧、打谷等大田耕作活动的种种动作融入其中的雄壮步伐，旋转起舞，鼓点从慢到快，从低沉到高昂，直到急密如雨，戛然而止，舞步也跟着由缓而急，由快而密，观众的情绪也随之兴奋愉悦。

芦笙舞是欢度年节时跳的一种喜庆舞蹈，表演时男子手捧芦笙边吹边跳，女子则手拿白帕结队随节

右上图：舞姿雄健威猛的斗角舞展现了水族人对牛的喜爱与赞颂（图/视觉中国）

下图：水族斗角舞（图/包晓闽）

奏起舞。水族芦笙受苗族芦笙文化影响，但也在吹奏及表演方式上有自己的特色。水族芦笙舞蹈动作幅度大，曲牌名称繁多。

斗角舞则结合了芦笙乐曲与斗角游戏，流传于都柳江上游一带水族居住区。牛是农耕劳动的重要生产工具，千古以来，水族人民都喜爱牛，并通过各种艺术形式歌颂牛，寄托对农业丰收的祈愿。人工缝制的牛角是斗角舞最关键的道具。演出者头顶牛角，穿上黑色的披风，伴着芦笙节奏，边舞边斗，犹如水牛在田中玩闹、打架，动作幅度大、刚健英武。

水族人喜爱的铜鼓舞，体现了对艺术与生活的热爱（图/包晓闽）

撰稿专家

蒙锡彭，水族，高级讲师，三都高级中学教师，贵州省水家学会会员、贵州省艺术科学会会员、贵州省音乐家协会会员、黔南州音乐家协会理事、三都水族自治县音乐家协会主席。从事水族文化研究、音乐教育与创作，发表过多篇教育教学论文、音乐作品，代表作《贵州水族艺术研究》（合著）。

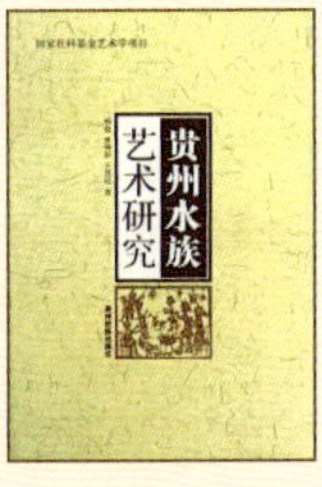

《贵州水族艺术研究》

扫描二维码，
阅读专家代表著作的电子版

独具特色的民间绣艺——马尾绣

水族马尾绣传统的制作技艺与方法享誉国内外

取马尾巴毛做绣材

马尾绣是水族传统的刺绣艺术，起源年代不可考，是水族独有的也是贵州特有的、濒临失传的民间传统绝活工艺，堪称世界一绝。主要分布在三都县中和、水龙、三洞、廷牌以及荔波县邻近三都县的水族村寨，其他水族聚居地方少见。2006年，水族马尾绣与水书习俗、水族端节一起被评为首批国家级非物质文化遗产。

马尾绣，因以马尾巴毛作为原料而得名。马尾绣工艺十分复杂，先取马尾3至4根做芯，用手工将白色丝线紧密地缠绕在马尾上，使之成为类似低音琴弦的预制绣花线，俗称“马尾线”；再将这种白丝马尾芯的绣线

马尾绣绣品具有浅浮雕感，造型抽象、概括、夸张（图/罗春寒）

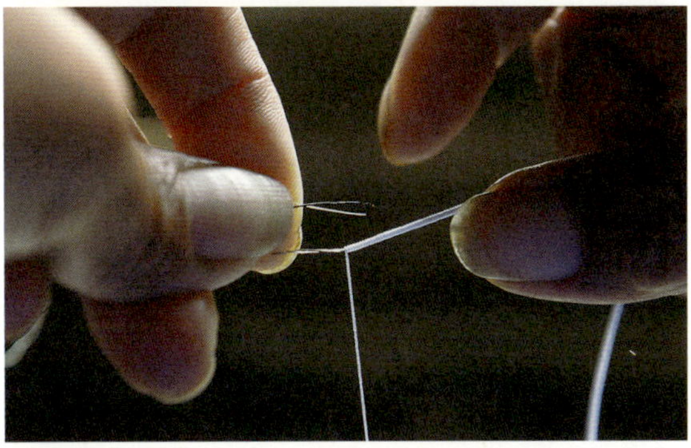

马尾绣的工艺十分复杂(图/视觉中国)

盘绣于传统刺绣或剪纸纹样的轮廓上；再用七根彩色丝线编制成扁形彩线，填绣在盘绣花纹的轮廓中间部位；最后再按照通常的平绣、挑花、乱针、跳针等刺绣工艺绣出其余部分。

马尾绣又被称为“缠丝绣”或“盘绣”。在黔东南州黎平侗族地区和凯里舟溪部分苗族地区也有类似的绣法，其原理基本一样，根本的区别在于，侗族地区所作缠丝芯并不是马尾，而是普通的麻线或棉线，缠绕出来的缠丝较水族马尾绣要粗一些。

水族马尾绣《龙凤朝阳图》，宋水仙作品（图/视觉中国）

图案历久弥新

马尾绣工艺主要用于制作背小孩的背带（水语称为“歹结”）及翘尖绣花鞋（水语称为“者结”）、女性的围腰和胸牌、童帽、荷包、刀鞘护套等。虽历经时代和环境的变化，但其造型理念和程式化符号基本不变。

马尾绣图案讲究对称，内容以植物、动物为主，其中以蝴蝶、葫芦、石榴、“寿”字以及花草最常见，有象征多子多福、健康长寿的意义，其中葫芦、石榴、“寿”字图案，显然是从汉族那里借鉴而来的。妇女绣鞋上饰有波浪纹和野花纹，多为纪念水族先民滨水生活的习俗和沿河岸迁徙的历史记忆。

近十年来，水族妇女已将马尾绣图案装饰到衣服、裤子甚至手提包、挎包、工艺品上，使马尾绣艺术得到发扬光大。在图案造型上，为适应市场需求，龙凤呈祥、双龙抢宝、麒麟等吉祥图案变得十分常见，大有取代传统图案的趋势。

漂亮的马尾绣花鞋是姑娘们的最爱（图/视觉中国）

小小背带，代代相传

在水族社会，女儿出嫁生育第一个小孩，大家为初生婴儿办满月酒时，孩子外婆要亲手制作一床背带送给女儿作贺礼。制作精美华丽的马尾绣背带，不仅是娘家的荣耀，更是寄托外婆家对新生儿的祝福。背带上的吉祥图案寓意新生小孩能够平安幸福，健康成长，长命百岁。

一般来说，每一个女儿娘家只送一床背带。因为背带经久耐用，以后女儿再生育第二、第三个小孩，仍可继续使用，有的甚至传承三四代仍在使用。由此可见水族马尾绣背带结实耐用程度。在今天的水族地区，上百年历史的背带十分常见，故又被称为“祖孙背带”，寓意祖孙三代都使用过，视为“传家宝”。

制作这样一件背带要花一年左右的时间。水族中老年妇女一般不用剪纸底样，直接在红色或蓝色缎料上用预制好的马尾绣线盘绣，综合运用结绣、平针、乱针，灵活自如，图案美观耐看。

右图：蝴蝶是水族儿童的保护神（图/罗春寒）

下图：一针一线精心绣制的背儿带中饱含着母亲的爱（图/包晓闽）

蝴蝶护佑孩童

水族马尾绣背带造型相对固定，其核心图案均为蝴蝶。水族妇女为什么把蝴蝶绣在背带上？这与水族一个民间传说有关系。相传很早的时候，天上有九个太阳。水族妇女背着小孩在田间地头劳动，热浪袭人，汗流浃背，小孩常常因此中暑生病，无法健康成长。后来天上飞来一只大蝴蝶，把强烈的阳光遮挡住，天气变得阴凉，水族孩童再无生病之忧。

为感激蝴蝶庇荫之情，同时也为护佑小孩健康成长，水族妇女于是把蝴蝶遮蔽太阳等图案刺绣到背带上，寓意小孩能够得到蝴蝶护佑健康成长。今天水族马尾绣背带的背扇或许就与这一传说有密切关联。

马尾绣背带是怎样制成的?

制作一床马尾绣背带,大约有52道工序。材料主要包括布料(以自织棉布为主)、棉线、丝线、马尾毛(白色最佳,其他颜色在弯曲打折时易露出本色,影响美观)、直径约2毫米圆形穿孔小铜片(装饰)、笋壳、剪纸等。

工序1:笋壳,就是竹笋的外壳,用布料包裹后用于打底,支撑背扇,使背带变得厚实,使用起来更好保护小孩子。

工序2:剪纸,先用铅笔画出各种需要刺绣的图案作为刺绣蓝本,一般从市场上向专门的剪纸艺人购得。然后依照剪纸图案裁剪布料,将布料制作成与剪纸图案一致的图案,并缝制到背扇(背带心)、背带尾上。

工序3:如上文所述缠绕马尾线,每根马尾线大约50厘米长,一床背带约需要30米长马尾线。

工序4:沿着事先缝制到背扇、背带尾上的布料图案轮廓,将马尾线固定在图案上,使原有平面图案具有立体效果。

工序5:在马尾线之间空隙用各种彩色丝线编织成类似辫子样的丝带填充,使原有图案更清晰更艳丽。

工序6:背带边沿或其他图案,用平绣、挑花绣、打籽绣、乱针绣等方法绣出图案起补白效果。

工序7:在背带图案上订数以百计的直径约2毫米带圆孔的塑料圆片(过去为铜片),其反光折射效果使背带更加绚丽华贵。

工序8:分别在背带手上装订长约2米的背带索(绳)。

至此,一床美观实用,具有水族特色的背带算是做成了。

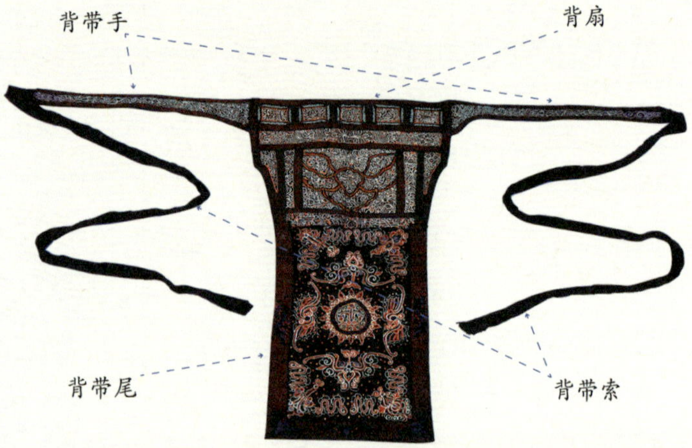

水族马尾绣背带造型呈"T"字型,结构相对简单,主要分为背扇(背带心)、背带尾、背带手、背带索(绳)四个部分

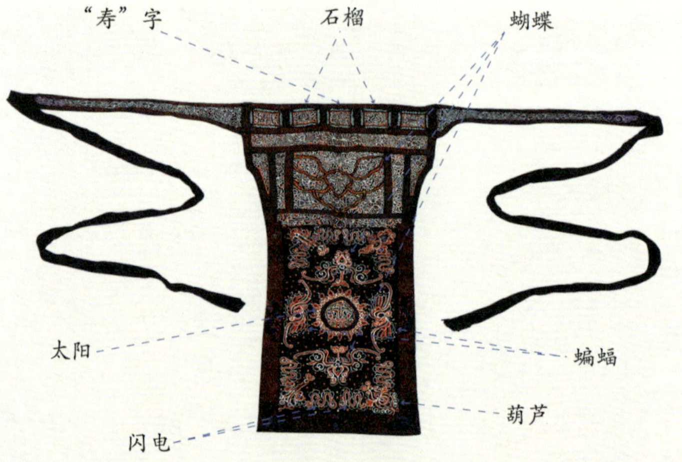

背带的装饰主要包括三部分:上半部为主体图案,由二十多块大小不同的马尾绣片组成,周围边框在彩色缎料底子上用大红或墨绿色丝线平绣出几何图案;上部两侧为背带手,下半部为背带尾。精美的图案与主体部位相呼应,成为一件通体绣花的完整艺术品

桃花依旧笑春风——记马尾绣工艺传人韦桃花

文/韩进，改编自《金黔在线-贵州日报》

在行走都柳江流域的日子里，我看到了少数民族的刺绣瑰宝——水族马尾绣，并且结识了马尾绣的杰出传人韦桃花。

韦桃花在传授马尾绣技艺（图/包晓闽）

韦桃花年近五十，出生在马尾绣之乡——三都县三洞乡，从小就跟着母亲学习马尾绣技艺。她经常走几十里山路，去找寨子里的老人请教技艺；或者如醉如痴蹲在山林里、山岗上，仔细观察研究行云流水，花鸟鱼虫的形态，将它们描画进自己的绣品里……由于富于创新又忠实于传统，蕴含丰富的水族文化符号和信息，她的绣品渐渐声名鹊起，在四乡八寨出了名，许多外国朋友也慕名而来，以能够收藏她的一件绣品为幸事。

2006年，乡亲们鼓励韦桃花参加“多彩贵州旅游商品大赛”，她的绣品以精巧的构思、精湛的手艺获大赛特等奖。省委书记和省长亲自向她颁奖。

回来后，县里鼓励她开个马尾绣品店，一是解决生活问题，二是更多地展示水族刺绣文化，让更多的人观摩学习。店开起来了，展销刺绣的上百种商品，生活质量也大大改善。韦桃花看得更远，她免费培训板龙村的70多位乡亲，每年还为县里培训三四百人，提高乡亲们的刺绣水平，帮助他们脱贫致富。

韦桃花说，马尾绣在水族群众中享有重要的地位。姑娘出嫁时，娘家要用绣花鞋作嫁妆。生第一个小孩时，娘家一定要送一条精美的马尾绣背带和小孩帽子，这几样东西世代相传，历经百年仍光彩夺目。水族人认为马尾绣背带象征吉祥如意，用它背小孩，孩子会健康成长，长命百岁。

2010年上海世博会上，韦桃花现场表演马尾绣技艺，向来自世界各地的人们展示水族文化的精华。2011年4月，韦桃花跟随贵州代表团，参加了意大利手工业礼品国际博览会，成为三都水族妇女第一个出国献艺的传承人。

马尾绣图案讲究对称，内容以植物、动物为主

水家绣娘(图/韦毓坤)

大化百福

巧手剪出幸福花

在水族地区的妇女中间，很多人都擅长剪纸技艺。她们从童年就开始学习剪纸，先是临摹较为简单的传统花样，然后逐渐练习组织大规模的画面，最终达到得心应手的程度。

水族剪纸起源于何时？并无文字记载考古实物作证。但根据水族古歌中关于剪纸的叙述，以及水族石板墓上的石刻图案，再结合剪纸服务于民间祭祀和服装装饰的基本功能，可判定其历史非常悠久。

水族剪纸大多作为服饰刺绣底样，有衣袖花、衣肩花、背扇花、围腰花、鞋花、童帽花、兜花等。在构图上讲究工整、对称、平衡、严谨。在内容上喜用龙、凤等虚拟祥瑞动物，日、月等大自然的各种奇异景观，飞禽、走兽、花草等生活常见动植物，还有人物、各种几何图案等，都可以作为创作素材，特别是展翅欲飞的雄鹰和奔驰中的骏马，最受剪纸艺人的青睐，显示了水族人民强悍、奔放、英勇无畏的民族性格。

“画中要有戏，出口要吉利”是水族剪纸图案的选择标准。水族民间剪纸选择的动植物图案，主要看它们

是否能赐福于人，或具有吉祥美满的寓意，如鱼虾表示食物丰足、蛙蟾关系着五谷收成、老虎勇猛、狮子活泼、牛力大能吃苦、猫鼠机灵、兔鹿温顺，蝴蝶美丽等等。另外，人们还喜欢表现幻想中的形象，如人头龙，或长着翅膀飞翔的人等，神通广大而不被自然所束缚，最直接地表明了人们对美好生活的向往、祝愿、期望、赞赏和歌颂。无论哪种展示方式，其中的动植物都被描绘得栩栩如生、亲切可爱。民间艺人以无比丰富的想象力和强烈的浪漫主义将大自然各种美的物象与人的审美意念融为一体，创造了一片妙趣横生、动人而又奇特的艺术天地。

实用是水族剪纸的基本功能，除了作为刺绣的蓝本之外，还包含装饰居室表达喜庆的剪纸，如婚嫁大喜日子里张贴的剪纸图案、花边、喜字等；有过年过节张贴的窗花剪纸以及纯粹点缀装饰居室的吉祥图案剪纸等；有用于雕刻、制陶、花边的剪纸等。

此外，水族民间剪纸还会用于祭祀活动。水族地区各种祭祀活动非常频繁，如祭霞神、祭树神、祭稻田、祭娘娘神等。在这些活动中，特殊形制的剪纸被大量运用，如祭拜“娘娘神”中的手拉手人形图，祭稻田使用的纸马，祭祖使用的经幡，丧葬时使用的“灵房花”等。

祭祀型剪纸图案（图/罗春寒）
多为连续重复的人型或花型图案，虽然结构简单，图案单调，但因其自身所具有神性光环，早已成为观念性存在，成为家喻户晓的共同语汇，规范着人们思想和行为

韦帮粉：中国水族剪纸艺术家第一人（图/视觉中国）
在被贵州省文化厅命名为“剪纸艺术之乡”的都匀市奉合水族乡奉合村，有一位勤劳朴实、心灵手巧的普通水族农家女子，名叫韦帮粉，她不需要描绘，凭一把剪刀即能剪出山水人物、飞禽走兽、花草树木等各种图案，她的剪纸深受当地群众的喜爱。而且，她的剪纸艺术走出了贵州，走出了国门，是水族剪纸艺术的杰出代表，被誉为“中国水族剪纸艺术家第一人”

水族剪纸图案制作有剪、刻两种，多先在纸上画稿再剪、刻。剪纸艺人善于推陈出新，又能融会贯通，作品形态逼真，立体感强。

水族民间剪纸艺人追求圆满完整、对称偶数、硕大为美，产生出重于表意的造型规律和自由灵活的表现手法。多种剪纸技法是水族劳动人民为满足自身精神生活的需要而创造的，生存于劳动者深厚的生活土壤之中，并在长期的艺术实践中，将这一形式锤炼得日趋完善，有着其他艺术形式不可取代的魅力。

撰稿专家

罗春寒，水族，贵州省黔东南民族职业技术学院教授。

贵州黔南，荔波樟江风景区（图／视觉中国）

第7章

风景秀丽凤羽地　婀娜多姿水家情

走进水族

本章主撰稿人：贵州省黔南州高级讲师　杨昌盛

水族人民主要生息于黔桂交界的龙江、都柳江上流地区，有学者认为，秦汉之际水族先民自广东、广西迁入贵州，就是经由柳江入龙江，溯江而上抵达樟江流域后，再慢慢分散迁徙到都柳江上流一带的，大致形成了现今水族主要聚居区。

贵州南部、东南部和广西西北部这片地域，地处亚热带，雨水充沛，气候温暖，到处青山绿水，风景如画，故而水族人民将其聚居的地方形容为"凤凰羽毛一样美丽"。喀斯特地貌在地球上多有分布，但是很多喀斯特生态系统遭到破坏，出现石漠化；而水族聚居区域喀斯特岩溶地貌发育良好，更为关键的是，其生态系统基本保存了原始生态，区域内植被覆盖率极高，到处郁郁葱葱，流水潺潺，翠峰幽谷掩映其间，还有许多奇石、深洞，以及各种自然和地质奇观，是人们寻幽览胜、荡涤心灵的最佳去处。

千百年来，水族人民生活劳作在这片土地上，一方水土养育一方人，自然山水与人文民族风情紧密结合在一起，互相进行着改造。从区域内良好的自然生态和水族人富足安乐的生活状态可以看出，水族人民和大自然是和谐相处的。也正是在与自然和谐相处的过程中，水族人创造了自己绚烂多姿的独特民族文化：端节、卯节、水书习俗、马尾绣以及各种带着深深民族历史印记的风俗习俗。每一项水族传统文化、传统习俗都是一种见证，见证着水族千百年来不断发展的历史，也见证着水族人不断顺应自然而生活的勤劳和智慧。

三都水族自治县是全国唯一的水族自治县，荔波县是三都县之外最重要的水族聚居区，这两地和其他水族聚居地一起，构成了水族生活劳作的地域全景。想要深入了解水族，深入感受水族文化无穷的魅力，必须来到这些地方，游览其中的自然山水，进入其中的水族村寨。

贯通历史人文与自然美景

都柳江和樟江哺育了水族儿女

有些学者认为水族的自称应该与其可能发源于中原地区睢水流域有关，水族人也一直流传着“饮睢水，成睢人”的说法。水族千百年来精耕细作的稻作农业，以及水族最喜欢的鱼塘养鱼都离不开水源。从这些方面即可以看出河流水系对水族人的重要性。秦汉之际水族先民自广东、广西迁徙进入贵州，就是经柳江入龙江，溯江而上抵达樟江流域后，再慢慢分散迁徙到都柳江一带。这一片区域降水丰沛，大小河流纵横，应该说当初水族选择迁徙至此是经过慎重考量的。以都柳江和樟江为主的河流无私地哺育了水族儿女，在无形中塑造着水族的生产生活形态和民族品格；同时，这两条河流及其沿岸地区，风景秀丽，清幽静谧，可谓是水族的桃花源。

贵州黔东南，荔波县至榕江县高速公路建设榕江段即将完工的都柳江大桥（图/视觉中国）

秀丽都柳江

交梨河、打丙河、普安河、打见河、马场河、烂土河、排调河等大小支流从三都县境北部、西北部、西部的高山峡谷中，叮叮咚咚，飞珠溅玉，一路走来，先后流入都柳江；然后又顺着山形地势，由西北向东南，浩浩荡荡，汇入祖国的第三大河——珠江；最后经珠江口，融入一望无际的海洋。

都柳江是水族的母亲河，明代称合江，清代改为都江，后与广西的柳江并称为都柳江。都柳江流域处于云贵高原东南角，位于祖国地形图上第二阶梯向第三阶梯过渡的范围。流域内气候属于中亚热带湿润季风气候类型。这里森林覆盖面广，动植物种类繁多，水流落差较大，水体清澈凉爽。千百年来水族人民就生活在这风景如画的地方。

据史料记载，清乾隆二十三年（1758）前后，都柳江航运达到鼎盛时期，江面上船来船往，终日不断，每年仅运粮就达百万斤之多，运出的山货、竹木、药材等土特产和运进水、苗、布依等各民族群众日常生活用品等物资更是不计其数。每当夜幕降临，各种大小航船泊于三都月亮码头，首尾相连绵蜒数百艘，沿江两岸人头攒动，喧哗之声不绝于耳，热闹非凡。此时，渔火通明，波光粼粼，涛声阵阵，呈现出一派江头半月的诗情画意。因了都柳江航运的繁荣，三都小城方得以兴盛，其时，三合作为通商口岸，全国各地的商贾云集于此，人气兴旺，商铺林立，商品百货玲琅满目。各路商家自成一派，抢占市场，建有湖南、江西、广东、广西、福建等等十几个会馆，经贸活动遍及全国各地。时至今日，这

都柳江上的水族风情
（图/包晓闽）

些外地客商的后裔仍旧生活在这片神奇的土地上。都柳江航运在贵州交通史上留下了浓墨重彩的辉煌一页，贵州省的第一部汽车就是经由两广拆卸后船载以入，至三都月亮码头卸船，然后再用人工抬到贵阳重新组装。如今，透过用石材砌成好似一弯新月的月亮大码头的残影，不难想象昔日"江水咆哮舟如飞"的壮观景象。

三都县城依山傍水，因有都柳江环绕而过愈显妩媚多姿，西头东尾双桥飞跨南北两岸，似两道绚丽的彩虹装点着高原小城。走到江边，城东处一座橡胶坝从江底跃起，将汹涌的江水拦腰截断，刹时，一向狂放不羁的都柳江聚然变得温柔起来，呈现出高峡平湖的壮观景致。在橡胶坝上兴建的风雨桥亭，与其水中倒影相映成趣，正如一位秀丽的水家新娘，楚楚动人，散发出一种摄人心魄的魅力。走在三都的街道上，穿着水族民族服饰的人和穿着现代服饰的人，商店招牌上水族文字和汉字，历史遗迹与高楼大厦……古老静谧的古柳江，充满活力的现代化三都县城，水族的历史、现在和未来在此交汇。

地球腰带上的绿宝石

如果说都柳江是一位饱读史书的才情女子，那么樟江就是一位喜欢寻幽览胜，饱览祖国大好河山的野性女子。樟江的野性体现在方方面面。荔波樟江风景名胜区位于荔波县境内，毗邻广西环江、南丹县，三荔高速公路接入榕麻高速后，沿榕麻高速行驶即可到达。

旖旎的三都县周覃三江瀑布是大自然赐予水族人民的礼物（图/包晓闽）

樟江风景名胜区是国务院1994年公布的第三批国家级风景名胜区，2007年作为“中国南方喀斯特”的一员被联合国教科文组织批准列入世界遗产名录，是贵州省第一个世界自然遗产地。景区总面积约118.8平方千米，由小七孔景区、大七孔景区、水春河景区和樟江风光带组成。

荔波樟江风景名胜区以典型、丰富、集中的喀斯特原始森林和樟江水系的水景为基础，以千姿百态、独具特色的地貌景观，神奇茂密的原生植被，珍稀罕见的生物群种，绮丽多姿的真山真水为特色。景区内峰峦叠嶂，溪流纵横，生态环境良好，珍稀动植物种类繁多，中外专家认为是全球喀斯特地貌上保存完好绝无仅有的绿色宝石。神秘奇特的喀斯特森林，将树、石、水、藤、乔、灌完美地结合在一起，充分显示了大自然的奇迹。景区地貌、水体、植被、人文景观齐全，集山、水、洞、林、湖、瀑、险滩、急流于一体，汇奇、幽、峻、秀、古、野、雄、险、美于一身，具有极高的观赏价值。

水春河景区是一幅长达13千米的丹青画卷，以奇险峻秀为特色。水春河除了水春寨一段平静坦荡外，其上下游皆为峡谷，下游最为壮观。两岸峰峦叠起，紧逼河谷，浓阴森然，峭石突兀，时而悬崖蔽日，时而直刺苍穹，陡壁间，树、藤、苔、草点彩其上，险壁迎风，充满生机与灵气。水春河虽不是大江大峡，却胜似大江大峡的风韵，堪称世界最美的峡谷。奇峰绝壁夹急流，构成“二十九道浪，九重滩”的奇险景观，非临急流缘山崖，俯仰历险，难以领略无限风光。

大七孔景区和小七孔景区相距大概1.5千米路程。大七孔景区因进入景区的一座大七孔古桥而得名，景区以原始森林、峡谷、地下湖为主体，景观气势磅礴、雄峻奇险。进入景区不久，即进入“天神峡谷”，左边的峭

樟江的风景集中在“奇”和“秀”上，秀中见奇，因奇映秀（图/视觉中国）

壁上生长着层层野生崖壁植物，还附着着一朵朵钟乳石。崖壁上还有自上而下三个大小洞穴，据说在此不能大声呼喊，否则就会飞沙走石，洞穴就会突起狂风，因此又得名“恐怖峡”和“妖风洞”。景区内有一座高80余米的天生桥，被誉为“大自然天生神力所塑造的东方凯旋门”，让人不得不感叹大自然的鬼斧神工。

如果说大七孔是伟岸的阳刚男儿，那么小七孔就是天生丽质的闺阁少女。小七孔在响水河周围宽仅1千米、长12千米的峡谷内，以飞瀑、原始森林和湖泊等景观为主体，有“超级盆景”之称，被誉为“地球腰带上的绿宝石”。景区因小七孔古桥而得名，古桥建于清道光十五年（1835），曾是连通荔波到广西的重要通道。小七孔古桥小巧玲珑，桥下的涵碧潭犹如翠绿欲滴的翡翠。涵碧潭上游长达1.6千米的狭窄山谷里，沿着不断走低的河床，分布着68级瀑布和跌水，瀑布跌水层层叠叠，飞珠溅玉，千姿百态。而过小七孔桥不远，又有一道宽10米，落差30余米长达拉雅瀑布，颇为壮观，与68级瀑布跌水共同构成立体交叉的瀑布景观群。景区内还有游客必到的鸳鸯湖，鸳鸯湖由两个大湖、四个小湖组成，湖水碧绿如茵，四季恒温，是游客嬉戏玩闹的好去处。

素有“超级盆景”之称的小七孔，犹如一位含羞带笑的水族少女（图/视觉中国）

水乡绿海尧人山

和都柳江、樟江一样，水乡的山也是秀丽无比，景致绝美，令人流连忘返。水族青年男女爱唱的水歌里经常提到“尧人山配都柳水”，来到水乡，游览了都柳江，不得不看尧人山。出三都县城，顺都柳江而下，驾车在国道321线上走一段，就来到了三都县水族文化风情谷——尧人山生态旅游度假区，即尧人山国家森林公园。尧人山国家森林公园总面积57平方千米，最高海拔

百里林海尧人山(图/视觉中国)

为1400米,目前开发面积约占总面积的六分之一。尧人山素有"百里林海""天然植物基因库"和"野生动物乐园"之称,是北半球同纬度生态保持最好的景区之一。水语称尧人山为"怒尧",称尧人山原始森林为"弄台兰",水族歌谣中常常引用尧人山名来寓意事物的神秘莫测,高不可攀。尧人山风光旖旎,公园内翠峰连绵,幽谷秀静,溪流潺潺,幽谷叠翠;登上翠峰,可观日出日落,气象万千;山间的参天古树郁郁葱葱。园内野生动植物种类繁多,木本植物430多种,其中有南方红豆杉、伯乐树(钟萼木)、银杏等3种国家一级保护树种,香榧、楠木、鹅掌楸、马尾树等14种国家二级保护树种;珍稀野生动物37类,包括金钱豹、云豹等国家一级保护动物和黑熊、猕猴、红腹锦鸡等国家二级保护动物,还有小鲵、石蛙、角怪等珍稀动物。

尧人山国家森林公园将大自然与人的奇、古、野、幽、融于一体,是现代人休闲度假,旅游观光的理想之地。

在摩崖石刻追寻历史

水乡的山有些是山峰兀立,形成了许多悬崖峭壁,是极佳的"书写"工具,如果要追寻水族的历史,那么水乡地区的摩崖石刻决不能错过,三都县内主要的摩崖石刻有大坝水书摩崖、布仰摩崖和小溪摩崖。

大坝水书摩崖石刻位于三都县都江镇大坝村。摩崖距地约7米,在约3平方米的崖面上镌刻有29个水书文字,字体大小10—15厘米见方不等,有"己巳寅卯酉申未癸"等记载历法的文字,笔画基本清晰可辨,初步推测镌刻于清初期到中期。大坝水书摩崖由三都县文物普查考古队于2009年4月发现,是三都县内发现的首件古代水书摩崖石刻。有关专家认为,这是水书文化史料的重大突破,具有重要的研究价值。

布仰摩崖,位于都江镇上江村布仰沟口的都柳江北岸。摩崖距江面20多米,长1.2米,宽1米,纵向阴刻两行约20厘米见方楷书"向来王化外,今入版图中"十个大字。清代中叶,清王朝为消除土司制度而推行"改土归流"政策,使"化外"之地不再阻碍其政治、经济政策的实施。凡是不服从王朝统治的地区,均派重兵弹压。当时都柳江具有显著的航运优势,上江又是西南一带的重镇之一,为了便于统治和治服,雍正七年(1729),独山州牧孙绍武沿都柳江进兵三脚屯,直到次年战火方平息。这次沿江征剿时,孙绍武顺便疏理都柳江河道,刊刻了此摩崖。

孙绍武还在上游的小溪绝壁上刻有"山高水清"四个一尺寸见方的横向阴刻大字,此即小溪摩崖。这条摩崖长3.04米,宽1.08米,距地高4.6米,面积2.4平方米。共二通。其一,"无挂碍",40多厘米见方,落款"嘉庆庚辰上浣""中湘张经田题",13厘米见方;其二,"山高水清",字大50厘米左右见方,落款"乾隆丙辰桂月中浣""郡守襄平孙绍武题",9×5.5厘米见方。前者为行书,后者为楷书,均横向阴刻。该摩崖系孙绍武授命疏浚都柳江航道时所题,不失为研究黔桂水路交通史的见证。

值得一提的是,这三处摩崖石刻全部位于都柳江畔,由此可以看出都柳江在历史上航运的重要性,也从一个侧面反映出水乡地区山水应和的环境。

建成三荔、三独高速互通(图/包晓闽)

最美水族风景风情线

水族地区深度游

自古都说蜀道难，其实云贵高原的黔道更难，尤其是水族聚居的黔南、黔东南和桂西北地区，因为主要为喀斯特岩溶地貌，地形复杂，所以历史上交通不便。水族千百年来一直居住在这片"世外桃源"里，保持着自己独特的民族习俗风俗，始终保持着神秘感和无穷的魅力。现在水族聚居区已经有多条交通干线进出，密切了与其他地区的联系，方便了人们的出行。所以，要想深入了解水族，体验水族风情，那么深度自驾游是很不错的选择，两条贯穿水乡的道路将带你走进水族。

水族文化博物馆

从全国各地来到三都县，在深度游览水族风景之前，可以先到贵州水族文化博物馆参观一番。这是全国首家水族文化博物馆。博物馆占地3.1万平方米，总建筑面积为9670平方米，共设有两大展区，6个板块共31个展位，通过图片文字和实物等多种形式展示水族概况、美丽家园、民族历史与社会发展、水族文化、习俗与节日、欣欣向荣的水家新貌等主题。被列为首批国家级非物质文化遗产的水族马尾绣、水书习俗、水族端节以及水歌、水族舞蹈、铜鼓文化、剪纸艺术、卯节等系列珍贵资料及藏品都尽收于馆内，获"中国历史文化名村"和"中国传统村落"称号的怎雷村、三都水族各大水寨、都江古城等也都有相应的展示。

水族最为独特的水书习俗和马尾绣在博物馆内均有精彩展示。馆内设有"水书瀑布流"，游客只要轻轻点击屏幕上的水书文字，相应的读音和注释就会展现出来，深奥的水书立即变得可读可懂，使人们能够深入感受水书文化的魅力。马尾绣展区集中展示着水族马尾绣的精美绣品，游客们还可以在现场观摩水族马尾绣传承人们绣制马尾绣的过程，近距离体验这一独特的民族工艺。

水族文化博物馆无疑是水族的一张重要名片，是深入了解水族民族文化非常合适的切入点。参观完博物馆，就会对这个隐藏在桃花源里的略带神秘色彩的民族有了初步的了解，就像是上了一堂"水族理论课"，接下来就能够更顺利地进行"水族实践课"了。

千年古镇——都江古城

都江地区建制由来已久。唐代于贞观三年(629)设立应州府刺史(正五品)领管五县，辖都尚(今都江)、婆览(今烂土)、应江(今榕江)、罗恭(今雷山)、施隆(今台江)，府治设在都尚(都江)。都江古城位于上江村，坐落在都柳江和排长河环绕的山坡上，是贵州历史最悠久的古城之一。清朝雍正八年(1730)建都江土城墙；次年，贵州布政使常方伯察其地势，认为"土城易圮"，遂改土墙建石墙。城垣平面布局呈椭圆形，周长1915米，城高6米，厚2.5米，设东南西北四座城门，东门为凯旋门，西门为广泽门，南门为兴隆门，北门为演武门。后设取水用的小东门和小南门。四大城门上建有两层文昌阁楼，楼台安放炮台8座，配大土炮8门，小土炮10门。都江府衙署大堂3间，二堂3间，中堂3间，头议厅3间，六科差卡各房42间。城内建有通判署、文昌阁、关帝庙、万寿

水族原生态的干栏式民居，美观大方，与田园风光相映成趣（图/韦毓坤）

宫、炎帝宫、夫子庙、观音庙、湖南会馆、江西会馆、水师营等。都江古城城垣是清朝史称“新疆六厅”中保存最完好的古城垣。今存通判署、四大城门、部分城墙和城中石板道、古水井、古桥等遗迹。

水族生态博物馆——怎雷古寨

就在都江古镇不远，怎雷村与都江古城垣隔排常河相望。如果说都江古镇凝聚的是国家层面政治历史的见证，那么怎雷古寨就是水族本民族历史文化的活化石。怎雷村寨已有三百多年的历史，其中上寨和下寨是水族寨子，该村是中国少数民族特色村寨、全国特色景观旅游名村，已列入中国历史文化名镇名村；是贵州省水族文化保护村，也是全国第一个水族生态博物馆。

怎雷“水族生态博物馆”的称号绝非浪得虚名，它是水族原生态文化保存最完好的村寨之一，是水族传统文化的集中代表。“怎雷”在水语中是岩脚下的寨子之意。整个村寨建于山坳缓坡地段，背负青山，前临深涧。层层梯田由山脚累级而上，景致绝美。怎雷山高路远，自古以来交通运输不便，因此建房盖屋都是就地取材，伐取周围山峰的树木，因此寨里的建筑都是木质。村里现有传统木质建筑200余栋，基本上是传统南方民居干栏式。怎雷村特别注重存放粮食的禾仓，当地水族有一种说法，“不管有房无房，都要先盖禾仓后修房”，可见禾仓在水族的日常生活中的重要性。禾仓形制跟主体建筑基本相同，每家有一个以上粮仓。这些民居建筑鳞次栉比，随地势分布，与周围的山、树、溪、田相映成趣，形成了“入村不见山，进山不见寨”的奇妙格局，充分展示了人与自然的和谐相处。怎雷的梯田是一大亮点，站在山峰高处俯视，碧绿的梯田层层叠叠，宛如一幅色彩艳丽的油画，穿着传统服饰的水族人民劳作其间。游客也可以参与劳作，脱下鞋子，挽起裤脚，感受水田里细腻的塘泥，学习怎样“伺候”秧苗，肥美的稻田鱼在腿边游走，当此情境，整个身心都会得到休憩。

沿始终与都柳江并行的国道321线行进，可以追寻水族的历史，感受水族的当下；而沿三荔高速公路则可以寻幽览胜，探索水族桃花源里的一些“秘境”。三荔高速于2019年4月3日建成开通，起于三都水族自治县大河镇，止于荔波县板旺村，全长76千米。据悉，三荔高速全线为喀斯特地貌，地质复杂，地势险峻，共有桥梁66座，隧道11座，桥隧总长约33.5千米。其中水昔河大桥最高墩身达82.97米，桥面与河谷高差116米，都柳江大桥主跨达150米。

三百多年来怎雷的水族人生活在这绝美的水乡秘境中，用心去感知自然、爱护自然，人、村、房、山、涧、溪、树、田始终和谐一体，形成了“天人合一”的优美人居环境（图/视觉中国）

姑鲁寨的神秘产蛋崖

水族原生态村落——姑鲁寨值得一去。产蛋崖是姑鲁寨最著名的景观，当地水族人称之为“努给芭”，汉语即“产蛋崖”之意。陡峭的山崖崖壁上裸露出一颗颗青色的石头蛋，其中有一颗已经明显进入“预产期”。据当地水族老人说，崖壁每30年才脱落一枚石蛋。姑鲁寨的水族人的独特风俗就是以收集石蛋为荣，认为谁家拥有石蛋，谁家就能兴旺发达，能够给家庭带来好运。据不完全统计，现有的脱落下来被水族村民保存的石蛋约100枚。这些石蛋呈赤青色，质地坚硬不会风化，石蛋上有明显的类似树木年轮一样的圆形纹路。景区内还有重达500余斤的石蛋王、神奇的“千年神龟护蛋”和巨型神石菩萨等景观。

关于石蛋的来源，当地传说古时候，都柳江的小白龙与想来争夺地盘的龙江小黑龙大战于虎跳潭，三天三夜不分胜负，但两条小龙都已遍体鳞伤、奄奄一息，正巧有两个砍柴的水族小伙子抬柴路过，分别将两条小龙扛回自己家中疗伤。不久，两条小龙痊愈，因感激两位救命恩人，遂听从两个小伙子的劝导，化敌为友不再打仗，并分别将自己的龙珠种在姑鲁和渣拉沟这两个地方，此后每隔几十年就下个石蛋来，“天龙留宝，石头下蛋”因此而得名。而据专家测定，石蛋所在的地质构造已有五亿年的历史。五亿年前三都还是一片深海，当时深海的软泥中有一些游离碳酸钙分子形成的结核，在特定化学作用下软泥和结核都变成了埋藏于深海地下的岩石，软泥成了泥岩，而结核成了石蛋，历经地质抬升，最后露出地表并形成山崖。由于差异风化，泥岩构成的崖壁风化速度快，石蛋风化速度慢，两者的风化速度大约相差三十年，当泥岩层层风化剥落，石蛋就慢慢孕育而出，所以每三十年左右石蛋就自动脱落滚落到山脚。

姑鲁寨产蛋崖的地质奇观让游客感受到大自然的神奇造化(图/视觉中国)

马尾绣发源地——板告村

沿着三荔高速公路前行，不久来到三洞乡（今中和镇）的板告村。板告村环境优美，每个自然寨都掩映在树荫之中，又有水塘环绕。村中有一仙人桥，是一座拱桥，桥下溪水潺潺，碧绿幽静。拱桥中间位置有一奇石，形态与人体极为相似，尤其令人惊奇的是，“仙人石”每年以极小的距离向着山崖方向移动靠拢，地质专家称，奇石最后终会移至山中，消失于拱桥间。板告村是水族马尾绣的发源地之一。村里的女孩子七八岁时就开始学习编织马尾绣，到十五岁左右就基本掌握了马尾绣

来到水族村寨，不满饮一杯拦门酒是进不了寨门的，水各的拦门酒是当地特产九仟酒，醇美清香（图/视觉中国）

的绣制方法。该村的韦桃花就是水族马尾绣的贵州省级非遗传承人，曾在2010年上海世博会上向世界各国人民展示马尾绣技艺。板告村现在是三都县旅游局定点制作马尾绣的地方。板告村还有巧夺天工的牛角雕，以牛角为雕刻原料，雕刻的图案图样具有水族的民族特色。2007年村里成立了农民家庭民族陈列馆，收藏了大量的马尾绣工艺品、牛角雕、水书、水族银饰和铜鼓等，是深入了解感受水族文化的必去之地。

体验盛大节庆

水各村位于三荔高速公路和荔榕高速公路交接处，是全国特色景观旅游名村，也是贵州省最具魅力民族村寨。水各村是水族卯节的发源地，水族卯节按不同地区分四批过节，水各村水各大寨即为第四批，同时也最为隆重，水各大寨的卯坡在水族人中间久负盛名。九阡镇已连续多年在水各村的水各大寨举办“贵州·三都——中国水族卯文化风情之旅”系列活动，想要了解水族的卯节，感受卯节文化，水各村是最合适的选择。“卯文化风情之旅”系列活动主要内容有水族迎宾仪式、水族祭祖仪式、水族原生态歌舞表演、祭稻田活动、情歌对唱和参观水族卯文化陈列馆、游卯坡等。水族热情好客之礼在这里表现得淋漓尽致，当游客来到水各大寨寨门前，盛装打扮的水族姑娘早就准备好了“拦门酒”，唱着迎门酒歌，游客不满饮一碗当地特产九仟酒就进不了寨门；寨子里的男青年则排开阵仗，敲打着铜鼓和皮鼓，迎接客人到来。

“中国最美的森林”——茂兰

最美森林茂兰

出了三都县，可以从三荔高速上下来，到达茂兰国家级自然保护区，即国家级茂兰喀斯特森林自然保护区，位于荔波县东南部，是世界自然遗产"中国南方喀斯特"的有机组成部分。茂兰喀斯特森林是世界上保存最完美的喀斯特原始森林风光，是亚热带喀斯特地貌上生物多样性保存最为完好的一块宝地，是一个巨大的生物资源"基因库"，植被覆盖率达91.59%，有单性木兰、掌叶木、红豆杉等许多珍稀树种；有云豹、蟒、白颈长尾雉、林麝、中华秋沙鸭、猕猴、白鹇等许多珍稀野生动物。被森林密集覆盖的喀斯特峰丛漏斗，树木密集，四周群山封闭，底部有漏斗式的落水洞，状若深邃的巨大绿色窝穴。参天的大树裸露的根系紧紧抓着巨石，傲立水中，"水在石上淌，树在石上长"。

茂兰喀斯特森林树木茂密，溪流纵横，与喀斯特地貌形成的孤峰、绿水、深洞、飞瀑和奇石融为一体，构成了多层次立体的独特自然景观。2005年《中国国家地理》杂志主办的"中国最美的地方"评选中，荔波的茂兰击败了众多"资深"的名山胜地，获得网络人气奖，摘得"中国最美的森林"桂冠。

撰稿专家

杨昌盛，水族，高级讲师、州级骨干教师、中华诗词学会会员。先后发表、出版论文、教材、诗词作品等200余万字，出版个人专著《鹤舞水乡诗词集》等。曾获黔南州"优秀科技人才"等荣誉称号。

水寨秋色(图/韦毓坤)

编后记

“中华民族文化大系”牢牢把握为祖国各民族做一张历史文化名片的编辑宗旨，以人为本，从细节入手，力争展示每个民族的亮点、特点和发展过程中的关键点。这套“集大成”之作，从撰稿到出版，历经数载，凝聚了众多专家学者的心血，得到诸多领导、同仁、读者的关心与支持，亦参考借鉴了相关研究成果，因体裁所限，未能逐一标注，特此申明，并深表谢意！

需要说明的是，书中部分文字、图片、音乐、视频等，经多方努力，仍未能找到相关作者或著作权人的联系方式。作者或著作权人如发现请随时与我们联系（meimin56@163.com），我们在核实后将奉上稿酬。

民族文化丰富而博大，繁复而琐细，虽已尽全力核查、考证，但挂一漏万，肯定还存有不少谬误，恳请读者批评斧正。

本书编委会

2017年6月

图书在版编目(CIP)数据

大山凤凰 : 水族 / 罗春寒主编. -- 上海 : 上海锦绣文章出版社: 上海文化出版社, 2019.12
(中华民族文化大系)
ISBN 978-7-5452-1930-2
Ⅰ. ①大… Ⅱ. ①罗… Ⅲ. ①水族-民族历史-中国②水族-民族文化-中国 Ⅳ. ①K286.9
中国版本图书馆CIP数据核字(2019)第219862号

上海文化发展基金会图书出版专项基金资助项目

审图号: GS(2020)1224号

责任编辑 杨 婷
整体设计 周艳梅
美术编辑 费红莲
督 印 张 凯

书 名 大山凤凰——水族
主 编 罗春寒
出 版 上海锦绣文章出版社 上海文化出版社
出 品 上海故事会文化传媒有限公司
(200020 上海市绍兴路74号 www.storychina.cn)
发 行 上海文艺出版社发行中心
(上海市绍兴路50号 200020)
印 刷 上海雅昌艺术印刷有限公司
版 次 2020年6月第1版 2020年6月第1次印刷
规 格 787×1092 1/16 印张 10.75
书 号 ISBN 978-7-5452-1930-2
定 价 85.00元

故事会 大众文化出版基地 www.storychina.cn 上海故事会文化传媒有限公司 出品(00922) www.storychina.cn

上海故事会文化传媒有限公司所有图书可办理邮购,免收邮费(挂号除外)
汇款地址:上海市绍兴路74号(200020)
收 款 人:上海故事会文化传媒有限公司出版发行部
联系电话:021-64338113

如发现本书有质量问题。请与印刷厂质量科联系 T:31166232